Michael Günter

GEWALT ENTSTEHT IM KOPF

Klett-Cotta

Klett-Cotta
www.klett-cotta.de
© 2011 by J. G. Cotta'sche Buchhandlung
Nachfolger GmbH, gegr. 1659, Stuttgart
Alle Rechte vorbehalten
Printed in Germany
Schutzumschlag: Rothfos & Gabler, Hamburg
Unter Verwendung eines Fotos von © buchcover.com 41561832
Gesetzt aus der Greta von Kösel, Krugzell
Gedruckt und gebunden von CPI – Clausen & Bosse, Leck
ISBN 978-3-608-94677-2

Bibliografische Information der Deutschen Nationalbibliothek
Die Deutsche Nationalbibliothek verzeichnet diese Publikation in der
Deutschen Nationalbibliografie; detaillierte bibliografische
Daten sind im Internet über <http://dnb.d-nb.de> abrufbar.

Für Reinhart Lempp,
den Freund und Lehrer

Inhalt

Gewalt – ein menschliches Grundproblem

Wie kommen Menschen dazu, Gewalt auszuüben? Warum beschäftigen sie sich in ihrer Fantasie mit Gewalt? Was sind das für Menschen, die unvermittelt einen anderen einfach zu Tode treten? Warum findet jemand Freude daran, andere zu quälen, vielleicht sogar zu töten? Was lässt Menschen Spaß empfinden an sexueller Gewalt gegen Kinder, an einer Vergewaltigung? Wie ist so etwas überhaupt möglich? Handelt es sich bei diesen Menschen einfach nur um Monster, oder lassen sich selbst bei solch extremen Verhaltensweisen ein Motiv bzw. bestimmte seelische Voraussetzungen für die Gewalt ergründen?

Wie Gewalt im Kopf, wie Fantasien über Gewalt entstehen, wie es dazu kommt, dass sie schließlich in die Ausübung von Gewalt münden – darum soll es in diesem Buch gehen. Dabei wird das komplizierte Zusammenwirken vorangehender, oft prägender Lebenserfahrungen, psychischer Dispositionen und sozialer und situativer Einflussfaktoren aus unterschiedlichen Blickwinkeln beleuchtet.

Der Leser wird in verständlicher Weise über das in menschlichen Gesellschaften allgegenwärtige Phänomen Gewalt aufgeklärt. Durch ein umfassenderes Verständnis des Problems und der psychischen Mechanismen, die Gewalt bedingen, soll er in die Lage versetzt werden, zu einer rationaleren Diskussion in der Öffentlichkeit beizutragen. Es besteht nämlich beim Thema Gewalt immer die Gefahr, dass es uns ebenso ängstigt wie fasziniert und wir emotional so ergriffen werden, dass vernünftige Überlegungen, wie der Gewalt zu begegnen sei, von Angst, Wutgefühlen,

Rachebedürfnissen und Vergeltungswünschen überlagert werden.

Trotz des schwierigen und komplexen Themas soll dieses Buch nicht trocken und zu theoretisch ausgerichtet, sondern interessant und spannend zu lesen sein und dem Leser auch mögliche praktische Anwendungen aufzeigen, wie Gewalt wirksam begrenzt werden kann. Diesem Ziel dient folgende Vorgehensweise: Zum einen werden die wichtigsten Gewalt-mechanismen anhand populärer Filme dargestellt und er-läutert. Zum zweiten illustrieren in den meisten Kapiteln Fallbeispiele aus der beruflichen Tätigkeit des Autors die diskutierten Probleme. Schließlich werden am Ende jedes Kapitels die wichtigsten Überlegungen zusammengefasst und daraus Konsequenzen für den Umgang mit Gewalt ab-geleitet: Wie kann das Verstehen der zugrundeliegenden Mechanismen zu einem wirksamen Begrenzen der Gewalt im Einzelfall führen? Und wie kann es vor allem konkrete und umsetzbare Hinweise auf notwendige Veränderungen in der gesellschaftlichen Diskussion und Praxis geben?

Zunächst zu den Filmen: Sie ergreifen uns affektiv und lassen uns die Gefühle der dargestellten Protagonisten mit-erleben. Im Vergleich zu Werken aus der Literatur oder der bildenden Kunst und Fotografie entfalten sie eine beson-dere Wucht, indem sie Bild, Bewegung, Sprache und Musik kombinieren, sodass ein dichtes Gewebe von Sinneseindrü-cken entsteht, denen sich unsere Psyche oft kaum entziehen kann. In Filmen ist es außerdem möglich, unsere innere Welt der Fantasie, unsere Phantasmen, in sichtbarer Form in der Außenwelt abzubilden und uns für einen Moment fast vergessen zu lassen, dass sie nicht zur Realität geworden sind. Als Artefakte, vom Menschen gemacht, erlauben Filme eine Vereinfachung der Verhältnisse, und häufig arbeiten sie damit, dass die Protagonisten holzschnittartig in ihrer Psychologie in Szene gesetzt werden. Das mag zuweilen plump wirken, wenn es jedoch gut gemacht ist, werden die zugrundeliegenden psychischen Mechanismen umso schärfer und eindrucksvoller herausgearbeitet. Dies ist einer der Gründe, weswegen ich mich in meinen Überlegungen zu den psychischen Mechanismen der Gewalt vielfach auf sehr erfolgreiche Filme beziehe. Viele meiner Leser werden diese Filme kennen und können das, was ich erläutere, aus eigener Anschauung beurteilen.

Filme sind trotz einer gigantischen Werbeindustrie, die die großen Kinoereignisse populär macht, nur dann erfolgreich, wenn es ihnen gelingt, die Gefühle vieler Menschen anzusprechen. Dies setzt voraus, dass die über die Geschichten transportierten Affekte bei den Zuschauern bereitliegende Gefühle abrufen. Wenn es dem Drehbuchautor, dem Regisseur, den Schauspielern und den Kameraleuten gelingt, intuitiv etwas davon einzufangen und in Szene zu setzen, wie wir Menschen Gefühle erleben und verarbeiten, funktioniert der Film. Diese Korrespondenz zwischen dem intuitiven Erfassen seelischer Mechanismen, ihrer grandiosen Inszenierung im Film und der Resonanz im Zuschauer geschieht weitgehend jenseits rational gesteuerter Prozesse, also zu großen Teilen unbewusst. Der Erfolg eines Filmes sagt allerdings nicht unbedingt etwas über seine künstlerische Qualität aus. Ich bin jedoch davon überzeugt, dass Filme nur dann erfolgreich sind und von vielen Menschen gesehen werden, wenn sie auf irgendeiner Ebene Menschen in ihren seelischen Prozessen zu berühren und zu faszinieren vermögen.

Filme eröffnen uns den Zugang zu einem »Zwischenreich der Fantasie«, wie Freud dies ausdrückte (1916–1917), bzw. einem Zwischenbereich zwischen innerer Erlebniswelt und realer äußerer Welt, einem »intermediären Bereich«, wie es der berühmte englische Kinderarzt und Psychoanalytiker Donald W. Winnicott 1971 formulierte. Reinhart Lempp, der sich intensiv mit jugendlichen Gewalttätern beschäftigte, sprach 2003 in diesem Zusammenhang von der »Nebenrealität«. Er wies darauf hin, dass wir alle, Kinder noch stärker als Erwachsene, zunehmend durch die Bildmedien der modernen Welt in unseren Nebenrealitäten geprägt werden. Diese Nebenrealitäten haben eine entlastende Funktion, da sie uns zeitweise von der Mühsal des Alltags befreien und unsere Abwehr gegen diffuse Ängste in einer zunehmend komplexeren Welt unterstützen. Sie können aber auch gefährlich werden, wenn sie übermächtig werden und die Hauptrealität zu verdrängen beginnen.

Dies wirft natürlich die Frage auf, inwieweit Kinder und Jugendliche, aber auch Erwachsene durch Gewaltdarstellungen in den Medien in Richtung eines gewalttätigen Verhaltens beeinflusst werden. Nicht nur die Rolle der sogenannten Ego shooter bei der Auslösung von Amokläufen (siehe Kapitel 9) wird in der Öffentlichkeit kontrovers diskutiert, sondern generell die Gewaltdarstellungen und Gewaltfilme. Aus soziologischer Perspektive tendiert die Forschung derzeit zu der Einschätzung, dass der Einfluss umso größer ist, je realistischer die abgebildete Gewalt dargestellt wird und je positiver deren Darstellung erscheint. Michael Kunczik und Astrid Zipfel argumentieren anhand einer Studie (2006), dass die in Comic-Serien dargestellte Gewalt als recht unproblematisch einzuschätzen ist, da sie eindeutig als Fiktion erkannt wird. Dagegen können Thriller mit gewalttätigen Helden, die als Identifikationsfiguren angeboten werden, vermutlich gewaltbereite Kinder und Jugendliche in eine entsprechende Richtung stimulieren.

Befunde aus der neurowissenschaftlichen Hirnforschung legen nahe, dass der Konsum von Gewalt in Bildmedien, also

Gewalt – ein menschliches Grundproblem

in Filmen und in Computerspielen, das kindliche und jugendliche Gehirn so prägt, dass einerseits eine Abstumpfung gegen Gewalt eintritt und andererseits die Hemmschwelle erniedrigt und eine entsprechende Handlungsbereitschaft erhöht wird. Außerdem entsteht dadurch, so stellte Manfred Spitzer (2005) fest, ein verstärkter Appetit auf mehr Gewalt in den Medien, aber genauso im realen Leben.

Diese Theorien sind jedoch in ihrer Bedeutung für das reale Verhalten von Kindern, Jugendlichen und Erwachsenen umstritten. Man kann allerdings feststellen, dass es einen zwar geringen, aber doch messbaren statistischen Zusammenhang zwischen dem Konsum von gewalttätigen Video- und Computerspielen auf der einen Seite und realer Gewaltanwendung auf der anderen Seite gibt. Ältere Untersuchungen gingen davon aus, dass dieser Zusammenhang wahrscheinlich vor allem bei Jugendlichen besteht, bei denen mehrere Risikofaktoren für aggressives Verhalten zusammentreffen, die bereits zuvor aggressive Handlungsdispositionen aufwiesen und die sich über das exzessive Spielen von Gewaltspielen in eine soziale Isolation brachten. Neuere Studien und zusammenfassende Analysen mehrerer Studien legen jedoch nahe, dass unabhängig davon der Konsum gewalthaltiger Videospiele einen kausalen Risikofaktor für eine Zunahme aggressiven Verhaltens, aggressiver Gedanken und aggressiver Affekte und für eine Abnahme von Empathie und sozialen Verhaltensweisen darstellt (Anderson et al. 2010, Barlett et al. 2009).

Psychologisch gesehen kommt die Gefährdung durch eine mögliche Induktion von Gewalt wohl dann zustande, wenn die Betreffenden sich immer weiter in derartige Nebenrealitäten einspinnen und reale soziale Bezüge mehr und mehr vernachlässigen bzw. sich von ihnen ausgeschlossen fühlen. Dann werden realistische Filme mit grausamem Charakter aufgrund der Macht der Bilder, ihrer permanenten Verfügbarkeit und ihres potentiell antisozialen Sogs gefährlich (man kann solche Videos problemlos stundenlang Tag für Tag alleine anschauen). Diese Gefährdung entspringt einer komplexen psychosozialen Problemlage, bei der exzessiver Gewaltkonsum aus Filmen oder Computerspielen nur einen Faktor darstellt und betrifft daher vermutlich nur eine kleine Minderheit. Es ist dennoch zu fragen, ob nicht die Gefährdung dieser kleinen Gruppe und die potentielle Gefahr, die von ihr und ihrem Konsum gewalttätiger Filme ausgeht, Anlass geben müsste, über eine erheblich restriktivere Handhabung von Gewaltdarstellungen in Fernsehen, Film und Computermedien ernsthaft nachzudenken.

Um ein mögliches Missverständnis gleich auszuschließen: Die im Folgenden verwendeten Filmbeispiele sollen das, was ich aus wissenschaftlicher Sicht zum Thema Gewalt entwickeln werde, anschaulich darstellen und für den Leser nachvollziehbar machen. Sie sind jedoch nicht dazu da, meine Überlegungen zu beweisen.

Fallbeispiele aus meiner klinischen Arbeit erfüllen die Argumentation mit Leben. Dabei habe ich aus Diskretionsgründen die Namen der Betroffenen und ihre biografischen Details verändert. Die meisten Falldarstellungen sind so entstanden, dass ich mehrere meiner Patienten, die in ihrer Biografie vergleichbare Probleme aufwiesen, in der Darstellung miteinander kombiniert habe. So konnten nicht nur die Anonymität und Privatsphäre der Betreffenden gewahrt, sondern auch typische Elemente besser herausgearbeitet werden.

Grundsätzlich ist festzuhalten: Gewalt beschäftigt uns Menschen über alle Zeiten hinweg. Sie entsteht zunächst im Kopf. Die großen Mythen der Menschheit handeln zu großen Teilen von Mord und Totschlag, Kriegen und tödlichen

Gefahren. Das erste bedeutende Epos des Abendlandes, Homers »Ilias«, der Krieg zwischen den Griechen und Trojanern, der durch den Raub Helenas ausgelöst wurde, handelt nahezu ausschließlich von meist exzessiver Gewalt. Auch die Bibel lässt die Menschheitsgeschichte mehr oder weniger mit der Ermordung Abels durch Kain beginnen, nachdem Gott das Opfer Abels dem des Kain vorgezogen hatte. Der Ödipus-Mythos handelt von Gewaltverhältnissen, Angst und Neid: Ödipus wurde aufgrund der Weissagung, dass er seinen Vater töten und seine Mutter heiraten werde, als Kind von seinen Eltern auf einem Berg ausgesetzt. Seine Füße wurden zusammengebunden und durchstochen. Daher der Name Ödipus, »Schwellfuß«. Schließlich begegnete er seinem Vater auf dem Weg und erschlug ihn, als dieser nicht weichen wollte, heiratete seine Mutter und blendete am Ende sich selbst.

Gewalt vermag, wie wir Tag für Tag in den Medien feststellen können, die meisten von uns zu faszinieren. Sie erregt Angst in uns, die uns Schauer über den Rücken jagt, dann jedoch genussvoll erlebt werden kann, wenn es die begründete Zuversicht gibt, dass am Ende doch alles gut ausgeht. Dies macht den Reiz von Gewalt in der Fiktion aus: im Mythos, im Theater, im Märchen, im Roman und heutzutage in den modernen Bildmedien Fernsehen, Film und Computerspielen.

Gewalt wird allerdings nicht immer nur als böse Macht dargestellt und erlebt, sondern sie wird auch – wie immer man im Einzelfall dazu stehen mag – dazu eingesetzt, Gerechtigkeit, Sicherheit und Freiheit von Angst wiederherzustellen, dem Recht und der Freiheit Geltung zu verschaffen. Der Gewaltexzess vor Troja einigte die Griechen und verschaffte ihnen eine kulturelle Identität, ein Wir-Gefühl, auf dem sich die klassische griechische Kultur aufbauen ließ.

Gewalt also als Gründungsmythos der abendländischen Kultur, man könnte sogar sagen als Kitt, der überhaupt erst eine bestimmte Gesellschaft mit einer von anderen abgegrenzten Identität entstehen ließ. Diese Möglichkeit, Gewalt zu verstehen, arbeitete der Tübinger Literaturwissenschaftler Jürgen Wertheimer (2004) heraus. Gewalt ist daher in unserem Erleben womöglich noch schillernder als alle anderen psychischen Phänomene, die uns beschäftigen. Die Beschäftigung der Menschen mit Gewalt ist ebenso allgegenwärtig wie ihre Auseinandersetzung mit der Frage nach Gut und Böse und nach Leben und Tod. Gewalt ist nicht nur in ihren realen Erscheinungsformen – Mord und Totschlag, Gewaltkriminalität, Krieg, Terrorismus, Folter, Staatsterror, Todesstrafe, Verfolgung bis hin zur rechtsstaatlich abgesicherten Bekämpfung der Gewalt mit Gewaltmitteln und Naturgewalten – eines der zentralen, wenn nicht das zentrale Thema in allen Medien, in Literatur, Film und Unterhaltungsindustrie. Gewalt ist auch etwas, was uns in unserem Fantasieleben ständig beschäftigt, ebenso fasziniert wie beunruhigt und erschreckt. Bewusst lehnt die Mehrzahl der Menschen Gewalt ab und verknüpft sie mit Abscheu und Ekel. Dennoch konsumieren wir gerne Kriminalromane oder Krimis im Fernsehen, Actionthriller oder Psychothriller, und wir sehen Nachrichten, die von Gewaltereignissen nur so strotzen. Nicht wenige lesen als erstes in der Tageszeitung die Berichte über Verbrechen. Viele von uns sehen gerne Boxkämpfe, Autorennen oder Fußballspiele, bei denen uns abgemilderte, sublimierte Formen der Gewalt unterhalten sollen.

Gerne distanzieren wir uns allerdings von Gewalt und schieben sie anderen zu. Nicht wir sind es, die die böse Tat begehen, um unsere Interessen durchzusetzen, sondern die anderen sind die Bösen. Nicht wir neigen zu Gewalt, sondern die anderen, und wir müssen uns schließlich zur Wehr setzen. Die Bernwardstüre im Hildesheimer Dom, eine romanische Bronzetüre von 1015, zeigt eindrücklich diesen Mechanismus der Projektion anhand der Verurteilung Adams und Evas durch Gott. Nachdem Eva durch die Schlange verführt wurde und Adam und Eva den Apfel vom Baum der Erkenntnis gegessen haben, zeigt Gott mit seinem Finger vorwurfsvoll auf Adam. Der wiederum hält sich mit der linken Hand ein Feigenblatt vor die Scham und zeigt unter seinem Arm hindurch mit der rechten Hand auf Eva, die sich ebenfalls ein Feigenblatt vor die Scham hält und mit dem Finger auf die Schlange zeigt. Auf diese Weise entlasten wir uns durch Projektion der bösen Tat und der bösen Gedanken auf die anderen. Die Jugendlichen sind es, die Gewalttaten ausüben, die arabischen Terroristen oder der gewaltgeneigte frühere amerikanische Präsident Bush, wir haben jedoch keine Affinität zur Gewalt.

Es bleibt also festzuhalten: Unsere Kultur und alle uns bekannten Kulturen hatten und haben sich mit dieser menschlichen Grundproblematik der Gewalt auseinanderzusetzen. Aggression und ihr Ausfluss, die Gewalt, scheinen zur Grundausstattung des Menschen zu gehören. Kultur hat also die Aufgabe, denkbare Lösungen für dieses beunruhigende Phänomen, das die menschliche Entwicklung ebenso wie das gesellschaftliche Zusammenleben kennzeichnet, zu entwickeln (Günter 2008).

Gewalt verstehe ich dem heutigen Sprachgebrauch entsprechend in ihrer negativen Bedeutung als die unrechtmäßige Ausübung von psychischem oder physischem Zwang auf Menschen. Durch Gewalt werden andere Menschen vorsätzlich geschädigt und in ihren Rechten beeinträchtigt. An diesen Gewaltbegriff angelehnt ist auch der Begriff der strukturellen Gewalt, bei der gesellschaftliche und institutionelle

(Herrschafts-)Strukturen dazu führen, dass Menschen in ihrer Entwicklung und der Verwirklichung ihrer legitimen Rechte eingeschränkt werden. Derartige Gewaltstrukturen verwirklichen sich ebenfalls durch menschliches Handeln, wobei jedoch die gesellschaftlich-institutionell-ideologische Einbindung des Gewaltausübenden gegenüber seiner individuellen Motivation zur Gewalt in den Vordergrund tritt.

Der Begriff der Aggression unterstreicht die subjektive Seite von Gewalt. Er bezeichnet ein affektbedingtes Angriffsverhalten, betont also die emotionalen Reaktionen und das Verhalten des betreffenden Menschen. *Destruktivität* bezeichnet in dem Zusammenhang zerstörerische Aspekte aggressiven menschlichen Verhaltens. Sie kann sich bis zur Lust an der Zerstörung steigern.

In der wissenschaftlichen und öffentlichen Diskussion stehen sich im Kern zwei Positionen gegenüber: Die einen sehen Aggressivität und Destruktivität als eine menschliche Grundeigenschaft. Die Argumente dafür stammen aus unterschiedlichen Disziplinen, können biologisch, ethologisch, ethisch, philosophisch oder religiös hinterlegt sein. Berühmt geworden ist Thomas Hobbes (1588–1679) durch seine Überzeugung »Homo homini lupus« (Der Mensch ist dem Menschen ein Wolf), auf dieser Erkenntnis begründete er seine Staatslehre. Die Gegenposition sieht menschliche Destruktivität vor allem als Reaktion auf Traumatisierungen, in der klassischen Formulierung als Frustrationsaggressionshypothese der Yale-Schule oder aktuell im Zuge der Diskussionen über die Rolle traumatischen Erlebens für die Entwicklung aggressiver Handlungsbereitschaften. Ich selbst halte prinzipiell beide Positionen für richtig. Dabei gehe ich davon aus, dass uns Menschen ein aggressives Potential zu eigen ist. Dieses aggressive Potential ist für unsere Entwicklung notwendig. Bei einer günstigen Entwicklung kann es konstruk-

Gewalt – ein menschliches Grundproblem

tiv eingesetzt bzw. in seinen destruktiven Aspekten weitgehend in der Fantasie gehalten werden. Bei Traumatisierungen kann es zu einem Rückgriff auf primitive aggressive Funktionsmuster kommen.

Gewalt beginnt im Kopf. Unsere Fantasien, unsere Mythen, unsere Erzählungen, die von Gewalt handeln, eröffnen aber ebenso wie die Bilder, die uns mit Gewalt zu beeindrucken vermögen, auch die Möglichkeit, Gewalt sozial verträglich zu machen. Ihre Darstellung kann auch als Versuch verstanden werden, sich über dieses zutiefst beunruhigende Thema in einer Gesellschaft zu verständigen. Nicht immer allerdings wird das Ergebnis günstig sein, sondern es ist davon auszugehen, dass jede Beschäftigung mit Gewalt zwiespältige Gefühle und Reaktionen erzeugt. Die Auseinandersetzung mit Gewalt wird uns daher auch in diesem Buch mit den Ambivalenzen unseres Gefühlslebens konfrontieren. Sie wird uns bewusst machen, in welchem Ausmaß wir die Möglichkeit zur Gewalt in uns tragen. Ein weiteres Anliegen dieses Buches ist es, Wege aufzuzeigen, mit Hilfe derer das Umsetzen von Gewalt in Handlungen wirksam zu begrenzen ist.

1 Gewalt aus Leidenschaft

Oder was Gewalt mit Rache-, Schuld- und Schamgefühlen zu tun hat

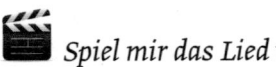 *Spiel mir das Lied vom Tod*

Verbrecher stellt man sich gerne als skrupellos, kaltblütig und ohne Gefühl für den anderen vor. Gewalttäter haben, so eine populäre Auffassung, zu wenig Schuldgefühle und zu wenig Empathie, um das Leid ihrer Opfer ermessen zu können und für ihr Handeln bestimmend werden zu lassen. Der gemeine kriminelle Gewalttäter wird dem angloamerikanischen Sprachgebrauch folgend heute auch im Deutschen wieder als gefühlloser Psychopath gezeichnet. Gewiss, es gibt Menschen, die sich ganz und gar nicht um Recht und Leid anderer Menschen scheren und Gewalt kaltblütig für ihre Zwecke einsetzen. Ein solcher Mensch wird uns in diesem Kapitel in der Welt des Filmes, der Fiktion, begegnen: Henry Fonda spielt den machtgierigen und skrupellosen »Frank« aus »Spiel mir das Lied vom Tod«. Viel häufiger aber greifen Menschen zu Gewalt, um Rache für erlittenes oder vermeintliches Unrecht zu nehmen. Die Literatur und das Leben sind voller Beispiele für Gewaltverbrechen aus »Leidenschaft«, aus Wut und Rachemotiven. Erstaunlicher noch: Gewalttaten haben nicht selten ihren Ursprung in Schuld- und Schamgefühlen.

Das Verlangen nach Rache und Vergeltung ist ein uns allen bekanntes starkes Motiv für die Ausübung von Gewalt.

Während Rache und Vergeltung vor der Durchsetzung des Gewaltmonopols des Staates noch ein individuelles Recht, zum Teil auch eine Pflicht darstellten, wurde schon früh das Ausmaß der legitimen Rache und Vergeltung mit dem Talionsgesetz (»Auge um Auge«) eingeschränkt. Mit der Durchsetzung des Gewaltmonopols des Staates wurde Vergeltung im Sinne einer legitimierten Gewalttat am Missetäter zunehmend als nicht mit unseren Vorstellungen von Recht und Gerechtigkeit vereinbar und damit Rache als niedriger Affekt angesehen. So ist eine Tötung aus Rache nach dem Strafgesetzbuch wegen der damit verknüpften »niederen Beweggründe« als Mord anzusehen.

Dies ändert jedoch nichts daran, dass Rachefantasien in unserem inneren Erleben auch heute noch sehr leicht zu erregen sind und mindestens teilweise als befriedigend erlebt werden. In unserer Fantasie vergilt die Rache nicht nur erlittenes Unrecht, sondern kann uns auch aus einer Position der Ohnmacht in eine des aktiven Handelns versetzen. Unerträgliche Gefühle, sich ausgeliefert und hilflos zu erleben, können so bekämpft und in eine vermeintliche Wiedergewinnung von Stärke, Handlungsfähigkeit und Beherrschung der Situation verwandelt werden. Dies macht Rache und Vergeltung nicht nur in der Fantasie attraktiv, sie kann bei empfundenen oder erlebten Demütigungen und Kränkungen ein Mittel sein, sich seines Selbstwertgefühls und seiner Überlegenheit durch Rache am und Unterwerfung des anderen zu versichern. Auch wenn wir heutzutage aus moralischen Gründen die Berechtigung der Rache ablehnen, bietet sie uns in unserem Gefühlsleben dennoch eine Befriedigung. Ihre Legitimität wird emotional dadurch hergestellt, dass durch sie der Gerechtigkeit zum Sieg verholfen wird. Diese Argumentation ist geeignet, Schuldgefühle zumindest in unserem bewussten Erleben zu besänftigen.

Eine großartige filmische Illustration dieser Zusammenhänge, die uns mitten hinein führt in eine Identifikation mit dem Rachebedürfnis des Helden, ist der Western »Spiel mir das Lied vom Tod« von Sergio Leone, der 1968 in die Kinos kam. Er ist Sergio Leones bekanntester Western, der mit seinem englischen Originaltitel »Once upon a Time in the West« deutlich die märchenhaften, oder, wie es in der Kritik zu lesen war, die opernhaften Anklänge betonte. Die Hauptrollen waren mit Charles Bronson als »Mundharmonika«, dem eigentlichen Helden der Geschichte, mit Henry Fonda als »Frank«, seinem machtgierigen, skrupellosen, zynischen und sadistischen Gegenspieler, und mit Claudia Cardinale als »Jill McBain« besetzt. Ennio Morricones Filmmusik war wesentliches Stilmittel, das die Dramatik des Geschehens unterstrich und weltberühmt wurde. Leone inszenierte sogar Passagen des Films zur Musik, die schon vor Beginn der Dreharbeiten fertiggestellt worden war.

In der Eingangsszene des Films warten drei heruntergekommene bedrohliche Typen in einer Bahnstation, bis es schließlich nach dem Eintreffen des Zuges zu einer Schießerei kommt, in deren Verlauf ein Fremder mit einer Mundharmonika die drei Revolvermänner niederschießt. In der folgenden Szene bereiten der verwitwete Farmer McBain und seine Kinder sich auf das Eintreffen der neuen Ehefrau und Mutter vor und werden aus dem Hinterhalt von Revolvermännern brutal ermordet. Nach und nach erschließt sich dem Zuschauer über mehrere Etappen der zentrale Konflikt des Dramas: Auf der einen Seite stehen der Eisenbahnmagnat Morton, der trotz seiner schweren und tödlich verlaufenden Erkrankung an Knochentuberkulose verbissen an seinem Traum festhält, mit seiner Eisenbahn den Pazifik zu erreichen, und der von ihm angeheuerte Killer Frank, der dafür, vor allem aber für seine eigenen Ziele und in einer Mischung aus skrupelloser Berechnung und sadistischer Freude, über Leichen geht. Auf der anderen Seite steht die neu angekommene Witwe McBain, die sich trotz Repressalien und Mordversuchen seitens Franks nach und nach dazu entschließt, den Traum ihres ermordeten Mannes umzusetzen, eine Eisenbahnstation und Stadt auf seinem Land zu bauen. Sie wird darin unterstützt von Cheyenne, einem Outlaw und Revolvermann, und von dem zwielichtigen »Mundharmonika«, dessen Haltung und Motive, sich mit Frank treffen zu wollen, zunächst im Dunkeln bleiben.

Genau in der Mitte des Films kommt es zu einer ersten Begegnung zwischen Frank und »Mundharmonika«, bei der »Mundharmonika« Frank mit einigen Morden, die dieser auf dem Gewissen hat, konfrontiert. Frank versucht durch Mord und Einschüchterung in den Besitz der Ranch Jill McBains zu gelangen, auf der sich in weitem Umkreis die einzig ergiebige Wasserquelle befindet, die für die Dampfeisenbahn große Bedeutung hat. Bei einer weiteren Begegnung zwischen »Mundharmonika« und Frank konfrontiert dieser ihn erneut mit den Namen von ihm Ermordeter. Parallel dazu verschärft sich der Konflikt zwischen Morton und Frank immer mehr, sodass Morton schließlich Killer auf Frank ansetzt und Frank wiederum immer sadistischer gegen Morton agiert. Schließlich erfährt der Zuschauer in einem finalen Showdown zwischen Frank und »Mundharmonika« die Auflösung des Rätsels um »Mundharmonika« und dessen Hass auf Frank: Frank hat einst den Bruder »Mundharmonikas«, als dieser noch Kind war, auf sadistische Weise ermordet. Er hängte ihn an einen Torbogen, wobei der Bruder auf den Schultern des jugendlichen »Mundharmonika« stand. Er drückte dem Jungen eine Mundharmonika zwischen die Zähne – daher sein Name – und sagte im englischen Original den sadistischen Satz: »Keep your loving brother happy.« In der deutschen Version wurde das zu »Spiel mir das Lied vom Tod«, was hierzulande häufig zu der falschen Annahme führte, dass der junge »Mundharmonika« seinen Vater auf den Schultern stehen habe. Der Junge musste unter dem sadistischen Grinsen von Frank und seinen Kumpanen mit der Mundharmonika spielen, bis er zusammenbrach und dadurch indirekt seinen Bruder erhängte.

In dem wohl berühmtesten Showdown der Filmgeschichte – dramatisch untermalt von Ennio Morricones Musik – erschießt »Mundharmonika« Frank und steckt dem sterbenden Frank die Mundharmonika zwischen die Zähne, sodass dieser schließlich begreift, mit wem er es zu tun hat. Der Film endet damit, dass »Mundharmonika«, wie es Cheyenne gegenüber Jill MacBain voraussagte, trotz ihrer Einladung zu bleiben, geht. Er sagt den berühmten Satz: »Irgendeiner wartet immer.« Am Ende stirbt auch Cheyenne, und »Mundharmonika« reitet alleine mit dessen Leiche in die Wüste hinaus.

Zwei Formen der Gewaltidentifikation, die in diesem Film durch die beiden Gegenspieler Frank und »Mundharmonika« repräsentiert werden, sind besonders interessant. Neben Machtstreben und kalter Berechnung spielt auf Seiten der »Bösen« sadistische Gewalt eine ganz hervorstechende Rolle. Frank verkörpert den Prototypen eines zum Teil machtbesessenen und zynisch berechnenden, zum Teil sadistischen Gewalttäters, der Freude daran hat, seine Opfer zu quälen und zu demütigen. Dies wird im Film von Anfang an systematisch entfaltet und immer weiter bis zu einem Kulminationspunkt vorangetrieben. Bereits in der Eingangsszene, in der einer der bedrohlichen Typen eine Fliege im Revolverlauf fängt, wird emblematisch darauf angespielt. Im weiteren Verlauf der Handlung sind es unter anderem die von einem

sadistischen Lächeln begleitete kaltblütige Ermordung des
jüngsten Kindes der Familie McBain, verschiedene Szenen,
in denen Morton von Frank gedemütigt wird und eine
Sequenz, in der er bei einer sexuellen Begegnung mit Jill
McBain in sadistischer Weise seine Machtposition ausnützt
und sie erniedrigt. Dieser Sadismus kulminiert schließlich

in der erwähnten Schlüsselszene aus der Kindheit »Mundharmonikas«.

Diese Form der Gewalt wird allerdings weder biografisch noch sonst irgendwie einfühlbar gemacht und wirkt wegen der damit verknüpften Gefühlskälte abstoßend, erschreckend und brutal. Franks Brutalität und Sadismus dienen in »Spiel mir das Lied vom Tod« eigentlich nur als Folie, auf der »Mundharmonikas« Rachefantasien und Gewalthandlungen verständlich und nachvollziehbar werden (siehe Kapitel 8).

»Mundharmonika« dagegen ist eine Figur, die eine Geschichte hat, auch wenn sie sich dem Betrachter erst nach und nach erschließt. Über diese Geschichte wird die Gewaltfixierung psychologisch nachvollziehbar gemacht. Sie spricht bei den meisten von uns ein Bedürfnis an, »heiße« Gewalt und Rachefantasien als legitim anzusehen und auszuleben. Daher erscheint uns »Mundharmonika« sehr viel sympathischer als Frank. Man denke nur daran, wie gerne viele von uns Filme anschauen, in denen am Ende das Gute siegt und der Böse seiner gerechten Strafe zugeführt wird. Die Massenmorde im ehemaligen Jugoslawien, beispielsweise die Massaker von Srebrenica, in Ruanda oder im Sudan riefen bei Vielen Empörung und zumindest insgeheim Rachefantasien hervor. Auch die Verbrechen der Al Kaida, vor allem die Terroranschläge des 11. September, waren von kollektiven Rachefantasien in der westlichen Welt begleitet, deren Umsetzung in Guantanamo und Abu Ghraib Rachegelüste der gegnerischen Seite weiter stimulierten. Man stelle sich etwa vor, das eigene Kind werde von einem sadistischen Gewalttäter gequält und gefoltert. Man wird sich in diesem Fall kaum eigener Rachefantasien entziehen können, die sich oft nur notdürftig hinter einer Identifikation mit Recht und Ordnung und staatlich legitimierter Gewalt, mit einer strengen Bestrafung der Verbrecher, verbergen.

Im Kern resultiert die Gewaltfixierung »Mundharmonikas« zum einen aus einer Situation absoluter Hilflosigkeit und Ohnmacht, in der sein Leben, wie das des Bruders bedroht war und in der er keinerlei Mittel hatte, diesem Ausgeliefertsein zu entkommen. Dies führte zu einer Identifikation mit dem Aggressor, einem Abwehrmechanismus, der von Anna Freud, der großen Pionierin der Psychoanalyse des Kindes, die sich intensiv mit vernachlässigten Kindern und deren psychischer Situation beschäftigt hat, 1936 eingehend beschrieben wurde.

»Das Kind introjiziert etwas von der Person des Angstobjektes und verarbeitet auf diese Weise ein eben vorgefallenes Angsterlebnis. Das Mittel der Identifizierung oder Introjektion tritt dabei mit einer zweiten wichtigen Methode in Verbindung. Mit der Darstellung des Angreifers, der Übernahme seiner Attribute oder seiner Aggression verwandelt das Kind sich gleichzeitig aus dem Bedrohten in den Bedroher« (S. 296). Dies ist im Film im Grunde schon in der Eingangsszene großartig dargestellt: »Mundharmonika« steigt aus dem Zug aus, wird von den heruntergekommenen Typen, die ihn im Auftrag Franks erwarten, bedroht, wird dann aber selbst zu einer Bedrohung und erschießt die Angreifer. Zugleich wird er während der Schießerei verletzt.

Anna Freud wies in derselben Arbeit auf einen weiteren Mechanismus hin, der mit der Identifizierung mit dem Aggressor verknüpft werde: In demselben Maße, in dem sich das Individuum mit der Bedrohung von außen identifiziere, entstehe eine Tendenz, die eigene Schuld nach außen zu projizieren. »Das Wüten gegen den Schuldigen in der Außenwelt dient ihm als Vorläufer und Ersatz des Schuldgefühls. Es steigert sich automatisch wie die Selbstwahrnehmung der eigenen Schuld sich steigern will« (S. 301).

Genau dies lässt sich in dem Film hervorragend nachvollziehen. Der jugendliche »Mundharmonika« wird in der Zwangslage, in die ihn Frank brachte, schuldig am Tod des Bruders. Das Schuldgefühl wird – völlig zu Recht, möchte man sagen – projiziert auf die Außenwelt, speziell auf Frank, der ja tatsächlich der eigentlich Schuldige ist. Frank wird nun von »Mundharmonika«, der sich rächen will, unerbittlich verfolgt, wodurch dieser sich selbst vor Schuldgefühlen und heftiger Autoaggression schützen kann. Sigmund Freud sprach in dem Zusammenhang, ohne dies detaillierter zu erläutern, auch zutreffend von »Verbrechern aus Schuldgefühl« (1916d, S. 389–391).

Diese Art der Verleugnung des Schuldgefühls hat jedoch – wir wissen das bereits aus der Geschichte von Kain und Abel – eine furchtbare Konsequenz: Der Betreffende muss ruhelos durch die Welt streifen und kann sich niemals auf nähere Beziehungen einlassen. Eindrücklich wird dies von Sergio Leone in den Schlussszenen des Films in Bilder und Dialoge umgesetzt. »Mundharmonika« kann der verführerischen Einladung Jill McBains, dass Sweatwater (die neu erbaute Stadt) auf ihn warte – der Eros hat hier in Form von Claudia Cardinale seine besten Kräfte aufgeboten – nicht nachkommen, sondern muss stattdessen weiterziehen und die Sehnsucht an die anderen delegieren: »Irgendeiner wartet immer«, lautet seine lakonische Antwort.

Ein letzter, psychologisch wichtiger Punkt sei noch angesprochen: Der Film ist voller Hinweise darauf, dass ein väterliches Prinzip fehlt bzw. nur ungenügend in Kraft gesetzt ist. Es beginnt damit, dass »Mundharmonika« im Gegensatz zu allen anderen Figuren keinen Namen hat, was meines Erachtens kein Zufall ist. Das Fehlen des Namens dürfte vielmehr damit zu tun haben, dass außer seinem Tod nichts, aber auch gar nichts über seinen Vater bekannt ist. Der französische Psychoanalytiker Jacques Lacan spricht in diesem

Zusammenhang vom Namen des Vaters als entscheidendem Markierungspunkt einer symbolischen Ordnung. Der Name des Vaters ist eine Chiffre für eine Funktion, die »väterliche Funktion«. Es geht dabei nicht um den Vater als Person, sondern um das Prinzip der Triangulierung, wie es zunächst meist vom Vater gegenüber der frühen Beziehung zwischen Mutter und Säugling verkörpert wird. Dessen struktureller Platz kann aber auch von anderen Menschen, ja von Institutionen (wie Schule, Kirche, Justiz usw.) oder von sozialen Normen und Gesetzen ausgefüllt werden. Interessanterweise wurde im deutschen Sprachraum aufgrund der andersartigen Formulierung, »Spiel mir das Lied vom Tod«, mit der Frank ihm die Mundharmonika in den Mund steckte, immer angenommen, dass er den Vater auf seinen Schultern stehen habe. Dies könnte darauf hinweisen, wie stark vom Publikum unbewusst das Fehlen des Vaters wahrgenommen wurde und in einer Art von Ausfüllen der im Film inszenierten Leerstelle der Vater an dieser Stelle fälschlich eingesetzt wurde. Psychologisch erscheint es jedoch stimmiger, dass es sich bei dem Ermordeten tatsächlich um den Bruder handelt und die Position des Vaters eine Leerstelle bleibt.

Das Fehlen des Vaters manifestiert sich auch in der Ermordung des einzigen »Familienvaters«, der im Film eine Rolle spielt, Brett McBain. Zuvor werden im Film Vater-Sohn-Szenen durchgespielt, beispielsweise eine Jagdszene, an der der Vater und der jüngste Sohn beteiligt sind. Der junge Timmy identifiziert sich bei der Entenjagd hochgradig mit dem Vater und schießt in seiner Fantasie auf Enten. Man könnte dies als gelungenes Beispiel einer Integration aggressiv-destruktiver Anteile über die Identifikation mit dem Vater und dessen sozialisierender Kraft verstehen. Der ältere Sohn Patrick wird in einer Auseinandersetzung mit dem

Vater unmittelbar vor der Ermordung der Familie gezeigt. Darüber hinaus gibt es aber keine Väter, niemanden, der eine väterliche Position verkörperte.

Der Einzige, der in sozialer Hinsicht in einer väterlichen Position ist, Boss Morton, ist nicht zufällig ein Krüppel, der sich ohne Hilfe von Krücken selbst gar nicht aufrechthalten kann. Sein aggressiver Aspekt verselbständigt sich und wird zur kalt berechnenden Gewalt in der Person des Frank. Aufschlussreich ist in dem Zusammenhang auch folgende Szene: An einem bestimmten Punkt versucht Frank, Jill McBain durch eine manipulierte Versteigerung dazu zu bringen, die Farm an ihn zu verkaufen. Der Sheriff, die Verkörperung des »väterlichen Gesetzes«, spielt bei dieser Farce hilflos mit. Anstelle einer Veranstaltung, die den Regeln des Gesetzes unterworfen ist, wird diese öffentliche Versteigerung jedoch eindeutig zu einem Ereignis, bei dem die Revolvermänner Franks jeden Bieter sofort einschüchtern und auf diese Weise die Regeln, das »väterliche Gesetz«, ad absurdum führen. Frank ist derjenige, der das Gesetz mit Füßen tritt und schließlich auch Morton im Staub sterben lässt.

Wir verlassen an diesem Punkt die Welt der Fiktion und des Filmes und wenden uns einem Fall im realen Leben zu.

Fallgeschichte Jennifer, 15 Jahre:

Die 15-jährige Jennifer hatte in einer bayerischen Kleinstadt versucht, ihren schlafenden Bruder durch mehrere Schüsse zu töten. Das Motiv dafür war, dass Jennifer nach eigenen Angaben, die zwar im Detail nicht ganz stimmen konnten, im Kern aber als absolut zutreffend anzusehen waren, im Alter zwischen fünf und 13 Jahren von ihrem Bruder vielfach sexuell missbraucht und vergewaltigt worden war. Sie hatte sich deswegen bereits im Alter von fünf Jahren an die Eltern gewandt, bei diesen jedoch keine Resonanz gefunden. An dem Tag vor der Tatnacht war sie in derbster Weise von ihren beiden bereits erwachsenen Brüdern sexuell beleidigt worden. Sie war bei ihren Eltern erneut auf Unverständnis und Ablehnung gestoßen und hatte daraufhin den betreffenden Bruder als »Kinderficker« bezeichnet.

Jennifer wurde einerseits als äußerst irritierbar und empfindlich, impulsiv und in Konfliktsituationen heftig oppositionell agierend, andererseits als aggressiv und unverschämt beschrieben. Die ausgeprägt oppositionellen Verhaltensweisen und ihre Impulsivität führten dazu, dass sie aus dem ersten Heim, in das sie nach kurzem Aufenthalt in einer Kinder- und Jugendpsychiatrie kam, hinausgeworfen wurde und mehrfach aus den jeweiligen Heimen, in die sie aufgenommen worden war, wieder in die betreffende Klinik zurückverlegt werden musste.

Neben der schweren sexuellen Misshandlung durch den Bruder bestand trotz der äußerlich scheinbar relativ guten sozialen Integration der Familie seit vielen Jahren eine Deprivations- und Verwahrlosungssituation. Der Vater hatte einen kleinen Handwerksbetrieb, ging nach den Schilderungen Jennifers zwar regelmäßig zur Arbeit, trinke aber, sobald er nach Hause komme, sehr viel Alkohol. Er schaue fern, gehe schließlich ins Bett, um am nächsten Tag wieder zur Arbeit zu gehen. Am Wochenende sei er regelmäßig betrunken, werde aggressiv und schlage die Kinder. Andererseits sei er, wenn er nüchtern sei, recht verträglich. Es wurde deutlich, dass das Mädchen ihren Vater trotz allem sehr liebte. Die Mutter beschäftigte sich tagsüber im Wesentlichen mit Werbesendungen. Der Haushalt war vollkommen vermüllt. Die Kinder erfuhren weder regelmäßige Aufsicht, noch gab es zuverlässige Mahlzeiten und verlässliche Zeitstrukturen. Die Familie war im Übrigen vielfach umgezogen, was neben ihrem auch in der Schule auffälligen Verhalten einer der Gründe dafür war, dass Jennifer kaum soziale Kontakte hatte aufbauen können.

Eindrucksvoll war das Verhalten der Eltern, das in frappierender

Weise die Beschuldigungen Jennifers bestätigte, sie sei immer der Sündenbock der Familie gewesen. Nach außen hin, so Jennifer, habe man heile Familie gespielt, zu Hause sei es aber drunter und drüber gegangen, und sie sei für alle Probleme verantwortlich gemacht und sanktioniert worden. Tatsächlich stellten die Eltern in irritierend beschönigender Weise ein absolut harmonisches Familienleben dar. Während die Mutter nach außen an diesem verlogen wirkenden Idyll festhielt, konnte der Vater zumindest punktuell einräumen, dass er Alkoholiker, dass seine Frau kaufsüchtig und das Haus vollkommen vermüllt sei. Die Mutter erging sich darin, immer wieder zu schildern, wie sehr sie ihre Tochter liebe, um im selben Satz maßlos über das Mädchen herzuziehen. Wenn die Mutter darauf hingewiesen wurde, dass sie, ohne ein Ende zu finden, Beschuldigungen gegen ihre Tochter vorbringe und diese in den schrecklichsten Farben schildere, bestritt sie dies vehement und behauptete, Jennifer sei ihr Lieblingskind. Sogleich jedoch verfiel sie erneut in heftige Vorwürfe, wie aggressiv, renitent, anspruchsvoll, unordentlich und unsauber ihre Tochter sei. In der Gerichtsverhandlung gegen Jennifer, in der die Mutter die Aussage verweigerte, wurde deren Part von der älteren Schwester übernommen: Sie beschimpfte und beschuldigte ihre 15-jährige des Mordversuchs angeklagte Schwester vor Gericht in einer Weise, wie ich dies zuvor noch nie bei einer Gerichtsverhandlung seitens eines Familienmitgliedes erlebt hatte.

Zweifellos war Jennifer bei aller Nachvollziehbarkeit ihrer emotionalen Situation, die sie zur Tat führte, für diese Tat verantwortlich zu machen. Jennifer stabilisierte ihr sehr gering ausgeprägtes Selbstwertgefühl und ihr narzisstisches Gleichgewicht über Rachefantasien, die sie schließlich in einem Augenblick der Empörung, der den ganzen über Jahre angesammelten Hass entfesselte, zu einer schrecklichen Tat trieben. Der Auslöser dafür war die erneute sexuelle Demütigung. Vor allem aber beschäftigte sie, dass ihr niemand glaubte und dass sie nach außen hin als die Böse dargestellt wurde, während der Täter Unterstützung erfuhr. Hierfür wollte sie Rache nehmen und in einem Akt der Verzweiflung sozusagen öffentlich die Realität gewaltsam in ihr Recht setzen.

Während in literarischen und filmischen Darstellungen die Rache häufig überlegt und kaltblütig geplant erscheint, ist sie in der Realität meist von heftigen Gefühlen begleitet und nur in den wenigsten Fällen von langer Hand geplant. Nicht selten ist es so, dass Rachefantasien zwar immer wieder durchgespielt werden, sie damit aber bereits ihre Funktion einer Entlastung und Stabilisierung erfüllt haben. Wenn dann jedoch ein manchmal fast beliebig erscheinender Auslöser hinzukommt, kann blitzartig eine Reaktivierung der heftigen Wutaffekte und der zugehörigen Rachefantasie erfolgen und die vorher nur fantasierte Tat wird umgesetzt. Oft berichten die Betreffenden, dass der Entschluss erst im letzten Augenblick erfolgte.

Manchmal werden jedoch Rachefantasien beharrlich verfolgt, vor allem bei Erwachsenen und bei kollektiv in die Tat umgesetzten Rachefantasien wie Vergeltungskriegen, Massakern oder auch dem Ruf nach härtesten Strafen für angebliche Monster und Bestien. Die zugrundeliegenden Affekte werden in diesen Fällen durch die Verfolgung des Rachezieles geradezu konserviert. Sie dienen dann, wie im Film entwickelt, dazu, die Fantasie eigener Größe und Stärke auch nach vermeintlichen oder tatsächlichen Demütigungen aufrechterhalten zu können. Ihre beharrliche Verfolgung und die damit einhergehende Rechtfertigung des eigenen Tuns, die häufig in der sozialen Gruppe eine Bestätigung findet, helfen, Schuldgefühle wegen eines früheren Versagens abzuwehren und hinsichtlich des aktuellen Handelns gar nicht erst aufkommen zu lassen. Individuell findet sich eine ähnliche Konstellation bei sogenannten Amokläufern (siehe auch Kapitel 9).

Welche Schlussfolgerungen können wir ziehen? Gewalt wird entgegen dem durch die Medien vermittelten Bild viel häufiger durch Gefühle, Wut, Demütigung, Rachewünsche, Scham und Schuldgefühle ausgelöst, als dass sie ausschließlich kaltblütig und skrupellos für die eigenen Zwecke eingesetzt würde. Diese Feststellung rechtfertigt die Gewalt nicht, sie bietet aber Ansätze für denkbare Lösungen. Wenn es uns beispielsweise gelingt, gewalttätige junge Menschen in ihren Gefühlen zu erreichen, ist schon einiges gewonnen. Dies ist allerdings nicht einfach: Es müssen dazu Rahmenbedingungen geschaffen werden, die eine solche pädagogisch-therapeutische Arbeit überhaupt erst ermöglichen. Sie müssen so gestaltet sein, dass die Betreffenden nicht einfach der Konfrontation mit derart unangenehmen Gefühlen ausweichen. Andererseits darf jedoch auch nicht stumpfsinnige Disziplinierung und Verwahrung die eigentlich notwendige Auseinandersetzung ersetzen. Bereits kleine Schritte können erfolgreich sein, etwa wenn klare Reaktionen auf Gewalt mit ernsthaften Angeboten einer sozialen und beruflichen Integration verknüpft werden. Die Auseinandersetzung muss von einem Verständnis dafür getragen sein, wie sehr diese Menschen – bei aller notwendigen Konfrontation damit, dass ihr Verhalten inakzeptabel ist – auf Anerkennung ihrer Person und ihrer Fähigkeiten angewiesen sind.

Die Gesellschaft muss für die eigentlichen Motive und die komplexen Hintergründe solcher Gewalttaten ein Verständnis aufbringen. Es muss Bereitschaft gezeigt werden, sich von diesen Ereignissen nicht mit einer Mischung aus Entsetzen und Unverständnis zu distanzieren oder das Problem mit dem Ruf nach härteren Strafen bzw. der Klage über den

Verfall der Sitten abzutun. Stattdessen sollte die öffentliche Diskussion mit einer gewissen Nüchternheit und Sachlichkeit geführt werden, selbst wenn dies unangenehme Bereiche des eigenen Erlebens berühren mag. Wir müssen uns bei potentiell gewalttätig eskalierenden Konflikten zwischen Gruppen von Menschen (seien sie ethnischer, nationaler, ideologischer oder ökonomischer Art) die Spirale von Demütigung, Rache und Vergeltung immer wieder bewusst machen. Nur so kommen wir zu vernünftigen Lösungen. Der zunächst verständliche Schrei nach Rache darf nicht zur Maxime unseres politischen Handelns werden.

2 Faszinosum Gewalt

Macht und magische Kräfte

 *Krabat*

Die Fantasie uneingeschränkter Macht ist etwas, was Menschen seit jeher zu faszinieren vermochte. Mythen und Sagen von Zauberern, Hexen, Wesen mit übernatürlichen Kräften, Fantasy-Filme, aber auch Geschichten von nahezu unverwundbaren Helden, wie Siegfried und Achilles, bedienen sich dieser Wünsche. Meist sind es Gefühle von Unzulänglichkeit, mangelnder Kraft und Stärke, die durch die Identifikation mit derartigen Figuren abgemildert und zumindest zeitweise aus dem Bewusstsein verbannt werden können. Dies macht die sagenhafte Welt heroischer, mit magischen Kräften ausgestatteter Gestalten so anziehend. Wer hätte sich nicht schon einmal gerne hineinfantasiert in den Besitz übernatürlicher Kräfte, sei es körperliche Stärke, sei es überirdische Schönheit und Attraktivität, seien es magische Verführungskünste oder Fähigkeiten, andere zu bannen, ihnen den eigenen Willen aufzuzwingen und sie gefügig zu machen.

Welch unheilvolle Wirkung derartige Wünsche zeitigen können, sehen wir spätestens dann, wenn sie in autoritären Regimes in die Realität umgesetzt werden und wenn Menschen dem in ihrer Fantasie mit omnipotenten Fähigkeiten ausgestatteten Führer, Diktator, Großen Vorsitzenden, Obersten Rechtsgelehrten und Religiösen Führer oder wie sie alle heißen mögen, frenetisch zujubeln. Die Identifikation mit dem großartigen, machtvollen Vorbild lässt die Menschen in ihrer Fantasie an dessen unumschränkter Macht teilhaben. Einer der vielen Romane und Filme, die dieses Thema durchspielen und ihre Faszination aus ihm beziehen, ist J. J. R. Tolkiens »Herr der Ringe«. 20 Ringe der Macht spielen hier eine wichtige Rolle und der »Eine Ring« ist es, der die Macht verleiht, alle zu beherrschen. Er ist es aber auch, der seinen Besitzer nach und nach auf magische Weise zum Bösen verwandelt, wenn er der Verlockung der Macht nicht widerstehen kann.

Anhand der Verfilmung des Romans »Krabat« von Otfried Preußler werde ich meine Überlegungen zur magisch omnipotenten Macht entfalten. Der 120 Minuten lange Film von Marko Kreuzpaintner, der mit einem Budget von acht Millionen Euro produziert wurde, kam Ende 2008 in die Kinos. Die Hauptdarsteller sind David Kross als Krabat, Christian Redl als Meister, Daniel Brühl als Tonda und Paula Kalenberg als Kantorka. Der Stoff beruht auf einer sorbischen Volkssage, die sich um einen aus Kroatien stammenden Oberst rankte, der von August dem Starken im 17. Jahrhundert aufgrund seiner Verdienste im Feldzug gegen die Türken mit dem Gut Groß-Särchen beschenkt wurde. Daher auch der Name Krabat, Kroate, der, wie im Übrigen auch unser Wort Krawatte, auf die kroatische Herkunft verweist.

Im Buch und im Film wird der Waisenjunge Krabat in der Zeit des Dreißigjährigen Krieges von einem Zaubermeister der schwarzen Magie in eine Mühle bei Schwarzkollm gerufen. Der Meister hat einen Pakt mit einem noch Mächtigeren geschlossen, der charakteristische Züge von Teufel und Tod trägt. Dieser verleiht ihm magische Kräfte, die der Meister an seine 12 Lehrlinge weitergibt. Er muss allerdings dafür jedes Jahr zu Silvester dem Gevatter einen der Lehrlinge opfern, um nicht selber sterben zu müssen. Krabat ist zunächst fasziniert von der Macht, die man mittels Magie über andere Menschen ausüben kann, durchschaut jedoch nach und nach die Zusammenhänge und beginnt, sich aus dieser Faszination der Macht zu lösen. Er versucht zu fliehen, was jedoch misslingt. In einer Schlüsselszene zu Beginn des letzten Viertels des Films bietet ihm der Meister an, seine Nachfolge anzutreten und den Vertrag mit dem Gevatter zu übernehmen, was Krabat nach einem dramatischen inneren Kampf ablehnt. Er befreit sich und die anderen Gesellen schließlich von dem Fluch durch die Liebe zu seinem »Mädchen«, die keinen Namen haben darf, da der Meister sie sonst töten würde. Nicht zufällig ist sie die Kantorka, die Vorsängerin bei der Ostermesse, was einen deutlichen religiösen Bezug im Sinne der Befreiung von den teuflischen Mächten in Buch und Film herstellt. Die Befreiung wird am Ende des Filmes bildhaft in der Explosion der Mühle umgesetzt. Die Geschichte ist von Otfried Preußler durchaus

als Parabel auf die Verführbarkeit durch die Macht gemeint. Er nahm explizit auf den Nationalsozialismus Bezug.

Tod und Macht sind in Krabat unmittelbar aufeinander bezogen. Der Gevatter Tod verleiht dem Meister seine magische Omnipotenz, bedroht ihn aber auch jedes Jahr an Silvester aufs Neue, sodass er einen seiner Gesellen dem Tod überantworten muss. In der Mühle werden bei Neumond die Gebeine der Toten gemahlen. Die österliche Botschaft – bis Ostern währt die Probezeit Krabats und in der Osternacht wird er in die Magie eingeführt – ist in der christlichen Religion die Botschaft der Überwindung des Todes. Über Krabats Leben erfahren wir in einer Rückblende, dass seine Mutter an der Pest gestorben ist. Auf Geheiß des Meisters muss er das Kreuz, das ihn an die Mutter und an deren Tod erinnert, vergraben, da es ihn schwach mache. An dieser Stelle eröffnet sich ein Verständnis des Zusammenhangs zwischen Verlust der Mutter, Einsamkeit und Ohnmacht und deren Abwehr durch eine Identifikation mit der magischen Allmacht des Meisters. Die Faszination dieser Omnipotenz ersetzt die Trauer um den Verlust der Mutter und den damit einhergehenden Verlust aller sozialen Bezüge. Sie hilft ihm dabei, Gefühle von Einsamkeit und Ohnmacht zu verleugnen und seine damit verbundenen Ängste in Schach zu halten. Aber der Tod bleibt ein ständiger Begleiter und die durch ihn ausgelöste Bedrohung muss immer wieder mit magischen Mitteln omnipotent abgewehrt werden.

Die Aufrechterhaltung dieser Form der Abwehr, die vor Todesängsten schützt, ist jedoch nur unter zwei Voraussetzungen möglich:

1. Die bedingungslose Unterwerfung unter die verbrecherische Macht des Meisters, der sich seinerseits nur dem Tod unterwerfen muss. Mehr noch, das Ich-Ideal, also

das Idealbild von sich selbst, an das das Subjekt sich anzugleichen sucht, wird ersetzt durch das als omnipotent vorgestellte Objekt Meister. »Objekt« ist ein Terminus technicus der Psychoanalyse. Gemeint ist hier eine Person, zu der eine emotionale Beziehung besteht, ein »geliebtes Objekt«. Die gemeinsame Wahl des gleichen idealisierten Objektes durch die Mitglieder der Gruppe wird durch die Initiationsrituale sichergestellt. Dies wird in Buch und Film eindrucksvoll dargestellt und führt zumindest zunächst zu einem Zusammenhalt in der Gruppe der Lehrlinge, wie er beispielsweise auch in fanatisch-religiösen Gruppen anzutreffen ist.

2. Den Verzicht auf sexuelle Befriedigung und liebevolle Bindung an eine Frau, da eine solche libidinöse Beziehung diesen Gewalt- und Unterwerfungszusammenhang zerstören würde. Daher werden die Liebenden, etwa Tonda und Worschola – ein älterer Geselle und seine Freundin –, vom Meister auf grausame Weise magisch getötet.

Daher ist es durchaus folgerichtig, dass im Film in vielen Szenen durchgängig ein Gegensatz zwischen der Beziehung zu dem Mädchen und dem Festhalten an einer magischen Potenz herausgearbeitet wird. Die Welt der magischen Gewalt ist genauso paranoid wie schizoid. Paranoid wegen der in ihr vorherrschenden Verfolgungsängste und schizoid wegen der Aufspaltung der Wahrnehmung und des Erlebens der Welt und anderer Menschen in einen strengen Gegensatz von Gut und Böse, was jeder Kinogänger nachvollziehen kann. Diese Welt hat somit eine starke Tendenz, sich ständig selbst neu zu erzeugen. Die Bedrohung ist allgegenwärtig, kriecht durch jede Ritze. Niemals weiß man, wem man vertrauen kann und wer seine bösen Absichten verbirgt. Vertrauen, das Bedürfnis nach Anlehnung und Liebe sind in einer solchen Welt gefährlich und müssen daher ausgeschlossen werden. Nur der Genuss gewalttätiger Macht und die Fantasie eigener Größe bieten einen gewissen Ersatz für die permanente Bedrohung. Das Gefühl anhaltender Bedrohung lässt die Betroffenen niemals zur Ruhe kommen und festigt die Macht der magischen Gewalt durch die Verführung, die die Macht über andere und die fantasierte allumfassende Kontrolle ausübt.

Krabat gelingt die Befreiung aus diesem unheilvollen Zirkel der Gewalt tatsächlich nicht durch einfache Flucht: Die Trugbilder holen ihn ein und führen ihn zurück. Schließlich gelingt die Befreiung psychisch aufgrund von drei Umständen:

Zum Einen, was im Film und in den Kritiken sehr betont wird, durch die Macht der Liebe. Bei aller romantischer Verklärung scheint mir insofern etwas Realistisches darin zu stecken, als die Bindung an Kantorka ihm ermöglicht, die kritiklose Überbesetzung des Machtideals zu relativieren. Viel zentraler scheint mir aber zu sein, dass er sich im Zuge dieser Bindung an das Mädchen mit dem Mangel, der Unzulänglichkeit und dem Verlust auseinanderzusetzen beginnt. So bringt er ihr heimlich das Mehl, das sie dringend benötigt. Sie ist es, die es ihm möglich macht, sich mit seinen eigenen Verlustängsten – die, wie bereits erwähnt, in seinem traumatischen Verlust der Mutter ein ausdrucksvolles Bild fanden – zu beschäftigen. Eine Schlüsselszene, die vor allem im Buch ausgebreitet wird, ist die Erlösung der Gesellen vom Fluch. Kantorka erkennt Krabat in dieser entscheidenden Erlösungsszene an seiner Angst um sie, an seiner Angst, dass sie sterben wird, wenn sie ihn nicht erkennt. Das, was das Kind Krabat also beim Tod der Mutter nicht verarbeiten und integrieren konnte, wird nunmehr psychisch fassbar und durch die Beziehung zum anderen, zur Freundin, symbolisch repräsentierbar. Dadurch erfolgt die Befreiung aus dem Fluch der paranoiden Welt der Magie. Durch den Verzicht auf diese Form der omnipotenten Abwehr wird eine realitätsgerechtere psychische Entwicklung möglich.

Vorbereitet wird diese Entwicklung jedoch zum Zweiten durch eine zunehmende Identifikation der Jungen untereinander in der Gruppe, wie sie systematisch im Film entfaltet wird. Die Gruppe wird zur Heimat und ersetzt damit die bedingungslose Orientierung am mächtigen Meister. Dabei spielt eine gewisse Gewaltidentifikation in der Gruppe durchaus eine Rolle. Ich werde auf diese Frage der Bedeutung der Identifikation mit Gewalt in der Gruppe in Kapitel 8 nochmals ausführlicher zurückkommen.

In »Krabat« lässt sich an den (Kampf-)Szenen mit den Stöcken eine Gewaltidentifikation festmachen, die im Vergleich zur Identifikation mit einer magisch omnipotenten destruktiven Gewalt deutlich weniger bösartig ist und Entwicklungsmöglichkeiten eröffnet. Die Gruppe der Gesellen bekommt die – phallischen – Stöcke vom Meister, um eigene Fähigkeiten zu entwickeln. Krabat übt intensiv, um es den anderen gleichzutun, identifiziert sich also mit den anderen Gesellen und unterwirft sich dabei der Realität: Nicht durch magisch omnipotente Weise gewinnt er seine Fähigkeiten, sondern durch mühsame Übung. Schließlich wird die Gruppe durch den gemeinsamen Kampf gegen marodierende Soldaten zusammengeschweißt. Interessanterweise kämpfen die Gesellen dabei zunächst auf normale Weise gegen die Soldaten, die ihnen jedoch überlegen sind. Erst im zweiten Abschnitt des Kampfes greifen sie auf magisch omnipotente Formen der Gewalt zurück, um die drohende Niederlage und damit ihre Hilflosigkeit abzuwenden und den

Sieg davonzutragen. Fast unbemerkt bestimmt ab diesem Zeitpunkt der Meister, der in der Gestalt einer bedrohlichen Alten auftritt, das weitere Geschehen.

Damit ist ein drittes Moment verknüpft, das von der Stimmung her am Ende des Filmes hervorragend eingefangen ist. Der Befreiung vom Fluch der schwarzen Mühle und von der Gewalt des Meisters – dargestellt im Explodieren der Mühle – folgt eben gerade nicht ein Freudentaumel der Gesellen, sondern sehr ernste und nachdenkliche Szenen des Abschieds vom Schauplatz der Handlung. Die Stimmung der Gesellengruppe erscheint in der Schlussszene eher gedrückt.

Dies entspricht dem Erringen der sogenannten »depressiven Position«, d.h. der Fähigkeit zu einer Auseinandersetzung mit dem Verlust. »Alles auf dieser Welt hat seinen Preis«, sagt der Freund Tonda zu Krabat. Der Preis der Freiheit, psychologisch gesprochen der Preis einer realitätsgerechten Auseinandersetzung mit dem Tod, dem Verlust, dem Mangel und der eigenen Unzulänglichkeit ist der Verzicht auf magische Omnipotenz und die daraus resultierenden Gewaltverhältnisse. In psychoanalytischen Termini entspricht dies dem Verzicht auf den narzisstischen Gewinn und die scheinbare Kontrolle, die man durch eine einfache Aufteilung der Welt in Gut und Böse erzielen kann. Jeder von uns bezieht hin und wieder gerne aus dem Einnehmen einer paranoid schizoiden Position und der damit einhergehenden Verleugnung der Realität diese Form der Befriedigung. Die Gefahren sollten allerdings nicht unterschätzt werden, wenn diese verlockend einfache Sicht der Welt nicht ständig kritisch überprüft wird.

Die zeitweilige Fantasie einer derartigen Welt, in der durch aggressive Kontrolle alles im Griff behalten werden kann, ist auch Teil vieler Computerspiele, bei denen mit

Geschick, Strategie und möglichst effizientem Waffenein-
satz aller Art ein Gegner getötet bzw. ausgeschaltet werden
soll. Das aggressive Potential derartiger Spiele wird kontrovers diskutiert. Dagegen wird der Aspekt einer nahezu
alles überwindenden und beherrschenden Kontrolle viel
seltener in Betracht gezogen. Für viele meiner jugendlichen
Patienten macht dies aber vielleicht mehr noch als die
aggressive Seite den Reiz des Spieles aus.

Fallgeschichte Maximilian, 10 Jahre:

*Der 10-jährige Maximilian spielte mit Vorliebe schon lange derartige
Computerspiele. Seine Eltern hatten Mühe, das Spielen zeitlich zu
begrenzen. Er war andererseits sozial völlig isoliert, da er seine tief-
reichende Unsicherheit dadurch kompensierte, dass er Gleichaltrige
nicht nur ständig zurechtwies, sondern sie auch mit düsteren Drohungen erschreckte. Er gefiel sich darin, sich als unverletzlich, mit
magischen Kräften ausgestattet und als unbesiegbaren Bösewicht zu
stilisieren, der sich gerne darin erging, zu schildern, wie man Tiere
quälen könne. Er legte seinen Stofftieren kunstvoll verfertigte Rüs-
tungen an, ließ sie als Jedi-Ritter gegeneinander kämpfen und identifizierte sich insgesamt gerne mit großartigen, mächtigen und
bösen Figuren aus Fantasy-Spielen. Erst im Rahmen einer langen
Behandlung gelang es ihm, sehr verletzliche, weiche und anlehnungs-
bedürftige Seiten von sich selbst zuzulassen, ohne darüber in Angst
und Schrecken ob dieser vermeintlichen Schwäche versetzt zu werden.
Er konnte nunmehr auch darüber sprechen, wie sehr ihn jede Form
des Nachdenkens und der Stille erschreckte und er diese Kämpfe und
die damit verknüpfte Anspannung benötigte, um seine innere Spannung zu bekämpfen. Im Zuge dieser Entwicklung gelang es ihm auch,
altersgerechte Kontakte zu Gleichaltrigen aufzubauen. Erst danach
konnte er es wagen, altersgerechte Gefühle eines Adoleszenten gegenüber Mädchen zu entwickeln.*

Fallgeschichte Markus, 8 Jahre:

Der 8-jährige Markus kam in ein therapeutisches Kinderheim, nachdem er in seiner Pflegefamilie in eine extreme Außenseiterposition geraten war. Er hatte in seinem Leben viel Schlimmes erlitten. Die Eltern waren drogenabhängig, langjährig inhaftiert, die Mutter starb an einer Überdosis Heroin. Die ersten Jahre seiner Kindheit hatte er bei den drogenabhängigen Eltern gelebt. Er hatte typische Zeichen einer jahrelangen Vernachlässigung entwickelt: gieriges Essverhalten, aggressive Ausbrüche, Unruhe, Einkoten und Kotschmieren sowie anderes mehr. Sein Erleben war das einer völlig unberechenbaren, gefährlichen Welt, in der er niemals wissen konnte, ob die Eltern gerade unter Heroin emotional völlig unansprechbar und desinteressiert, oder im Entzug gereizt und aggressiv, nur auf die Beschaffung ihrer Drogen ausgerichtet waren. Er wusste auch nie, ob er genug zu essen bekommen würde. Kurzum, er lebte in einer Welt, die ihm bedrohlich, unberechenbar und unverständlich erscheinen musste. Im Gespräch mit mir stellte er malend viele Facetten dieser skurrilen, destruktiv bedrohlichen Welt dar, die er erlebt und in sich aufgenommen hatte.

Besonders interessant erschien mir aber für das uns hier beschäftigende Thema, dass er zu Anfang unseres Gespräches auf ein Blatt eine Gegenüberstellung einer Welt der Würfel und einer Welt der Menschen malte (s. Abb. auf der nächsten Seite). Er erklärte mir dazu, dass die Würfel lebendig seien. Die würden genau auf die Zahl springen, die man sich wünsche. Im Weiteren malte er jeweils Eingänge zu den verschiedenen Welten, auf dem Bild in der Mitte und rechts unten, die er mit einem »K« für Klingelknopf bezeichnete. Man müsse klingeln und könne dann hinein. Es lässt sich nachvollziehen, dass dieses Bild einerseits die bedrohliche Welt seiner Kindheit darstellte, in der die Würfel fallen und man nicht weiß, wann was geschieht. Andererseits aber machte er daraus eine Welt, in der er in magisch omnipotenter Weise etwas wünschen könne, das dann einträfe: Die Würfel springen auf die entsprechende Zahl. Diese Fan-

tasie einer magischen Macht auf seiner Seite war etwas, was ich als Möglichkeit verstand, sich zumindest in der Fantasie vor den sonst unerträglichen Ängsten, denen er ausgesetzt war, zu schützen.

Im nächsten Bild musste ich dann diese skurrile Welt genauso malen, wie er sie mir vorgab. Ich musste ein Krokodil mit riesigen Zähnen malen und einen Elefanten mit Rüssel und Stoßzähnen. Es ging im Weiteren um archaische, bedrohliche Dinge, wie tot gebissen, verschlungen oder zerkleinert zu werden, die von ihm in skurrilen Geschichten entwickelt wurden. Bemerkenswert war aber auch hier, dass er größten Wert darauf legte, dass ich alles völlig unter seiner Kontrolle so malen musste, wie er dies wollte und nicht einmal ein kleines bisschen von seinen Vorgaben abweichen durfte. Bei Markus wurde die magisch omnipotente Kontrolle zur puren existenziellen Notwendigkeit und hatte nichts mehr von dem Genuss an sich, der im Film so eindrücklich in Szene gesetzt wurde. Sie diente

mehr oder weniger nur noch als Abwehr gegen den Einbruch extrem
bedrohlicher Ängste, die in der Psyche dieses Jungen jederzeit wieder
aufzuleben drohten.

Nach zwei Jahren in dem therapeutischen Kinderheim sah ich ihn
wieder und er hatte sich dank einer intensiven Beziehungsarbeit dort
so stabilisiert, dass er nicht nur in eine neue Pflegefamilie gehen
konnte, sondern nunmehr durchaus mit Humor das Gefühl einer ge-
wissen verbleibenden Fremdheit in der Welt thematisierte. Er hatte
es offenbar geschafft, die Zeit im Kinderheim so zu nutzen, dass er
weitgehend psychisch gesund und stabil geworden war.

Unser aller Denken ist von magischen Elementen durch-
zogen, selbst in unserer heutigen aufgeklärten Welt. Wir
haben das Bedürfnis, die Welt in Gut und Böse aufzuteilen,
weil es uns in dem komplexen psychischen Prozess entlas-
tet, den wir zu leisten haben, wenn wir realisieren, dass Gut
und Böse immer in Mischungsverhältnissen vorliegen und
jeder Mensch beides in sich trägt. Die Faszination, sich für
eine gewisse Zeit der Fantasie einer idealisierten magischen
Macht zu bedienen, ist nur zu verständlich. Sie trägt aber
die Gefahr in sich, dass die daraus resultierende Gewalt
immer attraktiver wird und man sich aus ihrem Sog kaum
mehr befreien kann. Dem gilt es ein Wissen um die Verletzlichkeit und Unvollkommenheit, um Bedürfnisse nach
Anlehnung, Nähe und liebevoller Unterstützung entgegen-
zusetzen. Gleichwohl ist der Gedanke daran für manche
Menschen in bestimmten Situationen nur schwer erträg-
lich.

Welche Schlussfolgerung lässt sich aus der Erkenntnis
ziehen, dass uns die Aufteilung der Welt in Gut und Böse ent-
lastet und wir uns hin und wieder gerne der Neigung hingeben, zu denken, alles sei magisch zu kontrollieren? Zunächst einmal ist ein solches im Kern kindliches Denken

nicht an sich schlecht oder gar verdammenswert. Solange wir mit derartigen Gedanken spielen können, haben sie eine entlastende Funktion. Wenn eine Fußballmannschaft daran glaubt, die andere Mannschaft durch geheime Kniffe besiegen zu können, oder wenn das Arbeitsteam den Zusammenhalt seiner Mitglieder darüber erreicht, dass alle sich darauf einstimmen, besser zu sein als andere Teams, dann steigert dies möglicherweise nicht nur die Fähigkeiten der Gruppe, sondern festigt auch ihr Zusammengehörigkeitsgefühl und vergrößert den Spaß an der Sache. Wenn ich mich also mit dem Ideal einer Gruppe identifiziere, kann dies durchaus wünschenswert sein und positive Auswirkungen auf mich selbst, meine Lebensfreude, meine Leistungsfähigkeit und mein Zugehörigkeitsgefühl haben.

Schwierig, gar potentiell gefährlich wird es, wenn die Flexibilität verloren geht. Die Forderung nach Ausschließlichkeit erzeugt Gewalt. Wer nicht kritiklos und in jeder Situation für mich ist, ist gegen mich und gegen die gesamte Gruppe und muss ausgeschlossen werden, da er zu den Feinden zu rechnen ist. Dies sind die Parolen, die ein Klima der Angst und des Terrors, und damit Gewalt erzeugen. Der bedingungslose Glaube an den Führer als Person oder an das Gruppenideal und die Ausschließlichkeit der Zugehörigkeit zu einer Gruppe erzeugen eine Struktur von Entweder-Oder. Dem Führer, der Ideologie, werden magische Kräfte zugeschrieben, die Welt verändern zu können. Die anderen werden zu Feinden, Verständnis für ihre Position muss vermieden werden oder wird unterbunden. Die Spaltung in böse Feinde und gute eigene Leute wird perfektioniert. Mobbing, aber auch fundamentalistischer Terror funktionieren auf diese Weise.

Was kann man tun? In der Regel fühlt sich der Einzelne zu schwach, um gegen diese Prozesse anzugehen. Daher entwickeln sich beispielsweise Mobbingsituationen mehr oder weniger automatisch aus einem derartigen Gruppengeschehen. Sie weiten sich tendenziell über die gesamte Gruppe aus. Es bedarf zweier Dinge in solchen Situationen: Zum einen müssen die Prozesse aufgedeckt und klar benannt werden. Dies kann nur gelingen, wenn jemand mit einer gewissen Glaubwürdigkeit und Autorität sprechen kann, also von außen kommt oder sich innerhalb der Gruppe Autorität verschaffen kann. Zum anderen muss wieder Vertrauen in eine andere Form des Funktionierens der Gruppe erzeugt werden. Dies kann durch eine Konfrontation der »Mächtigen« bzw. der Meinungsführer geschehen, die damit ihres Nimbus der magischen Macht entkleidet werden, oder durch einen Zusammenschluss einer genügenden Zahl von Mitgliedern der Gruppe, die dadurch selbst aus einer ohnmächtigen Position heraustreten.

3   Die Lust an der Macht und die Herrschaft des Schreckens

 *Uhrwerk Orange*

Wie mag sich wohl Silvio Berlusconi, der langjährige Ministerpräsident Italiens, gefühlt haben, als er gerade einmal wieder ein Gesetz durchgesetzt hatte, das es verhinderte, ihn wegen der Bestechung von Richtern vor Gericht zu bringen? Was ging in ihm vor, als er erfolgreich die Angriffe der noch verbliebenen, ihm nicht gehörenden Medien, abgewehrt hatte, die seine sexuellen Beziehungen zu Minderjährigen anprangerten, und was mag er empfunden haben, als er einen der letzten kritischen Journalisten des staatlichen Fernsehens erfolgreich kaltstellen konnte? Ich vermute, es war in all diesen Fällen nicht das Gefühl, gerade noch einmal davongekommen zu sein, das ihn bewegte. Er dürfte viel eher einen Triumph darüber verspürt haben, alles unter Kontrolle zu haben, und der Genuss der Macht, die ihn und sein Handeln durch ihre bloße Existenz legitimierte, dürfte ihn mit sich selbst sehr zufrieden gestellt haben.

Um Lust an der Macht, um die Vorstellung, alles kontrollieren zu können und die daraus entstehende Gewalt soll es im Folgenden gehen. Die Ausführungen in diesem Kapitel stellen eine Erweiterung und Fortführung des vorigen Kapitels dar. Darin war der Fokus vor allem auf diejenigen gerichtet, die von magischer Gewalt fasziniert sind und sich ihr anschließen. Hier werde ich den Akzent stärker darauf setzen, welche Faszination von der Ausübung der Macht und dem

Gefühl omnipotenter Kontrolle ausgeht. Dass beides inein-
anderspielen kann und in vielen Fällen die Perspektive
hauptsächlich davon abhängt, ob man ein Opfer der Verhältnisse geworden ist oder an den Schalthebeln der Macht sitzt,
haben die beiden Fallbeispiele im letzten Kapitel bereits
deutlich gemacht.

Auch in diesem Kapitel dient mir ein Film, »A Clockwork
Orange« von Stanley Kubrick, zur Illustration meiner Überlegungen. Den Aspekt der um ihrer selbst willen ausgeübten
Gewalt, der in diesem Film anfangs eine große Rolle spielt,
werde ich jedoch erst in Kapitel 5 anhand des Jokers im Batman-Film »The Dark Knight« besprechen.

Der 1971 in den Kinos angelaufene Film »A Clockwork
Orange« von Stanley Kubrick basiert auf dem gleichnamigen Roman von Anthony Burgess. Die Wahl des Buch-
titels wurde von Burgess folgendermaßen erläutert: »1945,
als ich von der Army kam, hörte ich einen 80-jährigen Cock-
ney in einem Londoner Pub von jemandem sagen, er sei
schräg wie eine aufgezogene Orange (as queer as a clockwork
orange). Der Ausdruck faszinierte mich als eine Äußerung
volkstümlicher Surrealistik. Die Gelegenheit, die Redensart
auch als Titel zu benutzen, kam 1961, als ich mich daran
machte, einen Roman mit dem Thema der Gehirnwäsche
zu schreiben. Der Mensch ist ein Mikrokosmos, er ist eine
Frucht, organisch wie ein Gewächs, er hat Farbe, Zerbrech-
lichkeit und Süße. Ihn zu manipulieren, zu konditionieren,
bedeutet, ihn in ein mechanisches Objekt zu verwandeln –
eine Uhrwerkorange«.

Der Hauptdarsteller des Filmes war Malcolm McDowell
in der Rolle des Alexander DeLarge (= Alexander der Große).
Alexander ist Anführer einer gewalttätigen Jugendbande,
die Gewalt um der Gewalt Willen zelebriert. Er wird als

Musterbeispiel eines gefühllosen Psychopathen gezeichnet und kommt schließlich wegen Mordes ins Gefängnis. Dort wird er zunächst einer entwürdigenden Prozedur unterzogen, in der er sich ausziehen muss. Er wird in erniedrigender Weise untersucht und schikaniert. Der Innenminister, ein skrupelloser Machtmensch, wählt ihn als Versuchsobjekt für eine Umprogrammierungstechnik aus, eine Art Aversionstherapie, die »Ludovico-Technik« genannt wird. Sie beruht darauf, dass ihm ein Serum verabreicht wird, das Schmerzen und extremes Unwohlsein auslöst. Zugleich muss er Gewaltfilme anschauen. Diese Konditionierung soll ihn davon abhalten, zukünftig Gewalt anzuwenden. Nach der 14-tägigen Therapie wird Alex als geheilt entlassen. Es stellt sich jedoch heraus, dass durch die Therapie sein Handlungs- und Urteilsvermögen beim geringsten Gedanken an Gewalt rigoros unterdrückt wird und er dadurch zum willenlosen Menschen wird. Als Nebenwirkung tritt diese Reaktion auch bei Beethovens 9. Sinfonie auf, der »Ode an die Freude«, die während der Umprogrammierung als Hintergrundmusik lief.

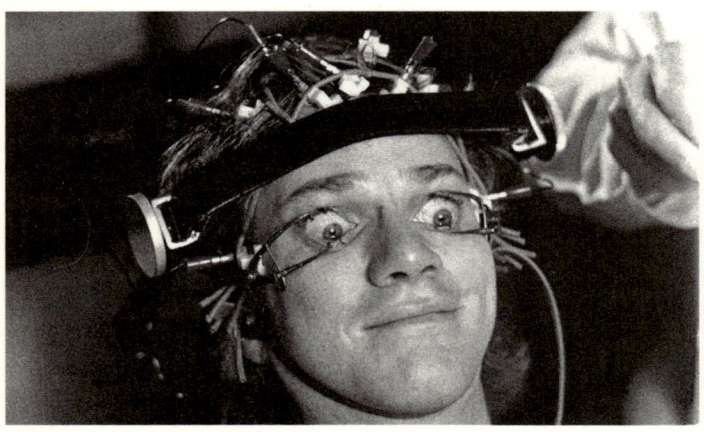

Nach seiner Entlassung wendet sich die Gewalt gegen ihn selbst. Er trifft den alten Obdachlosen, den er mit seiner Bande sinnlos zusammengeschlagen hatte. Der richtet nun zusammen mit anderen Obdachlosen seine Wut gegen ihn. Zwei seiner alten Kumpel sind mittlerweile Polizisten geworden und retten ihn scheinbar, um sich an ihm zu rächen. Sie tauchen ihn genau eine Minute lang in einer Viehtränke unter Wasser und verprügeln ihn danach brutal. Er schleppt sich zur Villa eines Schriftstellers, den er Monate zuvor überfallen hatte, der dadurch zum Krüppel wurde und dessen Frau an den Folgen des brutalen Überfalls gestorben war. Der Schriftsteller erkennt Alex wieder und sinnt auf Rache. Freunde des Schriftstellers sperren Alex in ein Zimmer und spielen laut die 9. Sinfonie. Alex stürzt sich in Suizidabsicht aus dem Fenster. Schließlich wird Alex mit Hilfe einer Psychiaterin wieder in die Lage versetzt, Beethoven zu hören, ohne zu leiden. Die Regierung nutzt dies aus: Sie macht im Fernsehen aus seiner Heilung eine Medienkampagne. Am Schluss sieht man eine Fantasie des von der Musik berauschten Alex: eine Vergewaltigungsszene vor Zuschauern, die applaudieren. Alex sagt am Ende des Filmes: »Ich war geheilt, all right.«

Der Film ist insgesamt grotesk, sehr eigenwillig in Kubrick'scher Manier und stark von der Popart beeinflusst. Er wirkt trotz der Gewaltdarstellungen und des ernsten Themas geradezu operettenhaft, behandelt aber ungeachtet der grotesken Übertreibungen und der schematischen Behandlung der Figuren das Thema sehr eindrucksvoll. Es geht in einem wesentlichen Aspekt des Filmes um die Fantasie, dass Gewalt und mit ihr auch der Mensch absolut kontrollierbar seien. Dies geschieht einerseits auf konventionelle Weise durch ein drakonisches Einbläuen von Disziplin. Die Szenen des Films, die diese Seite der disziplinarischen Kontrolle der Gewalt darstellen, lassen selbst in dieser karikierten, gleichwohl brutalen Inszenierung von Erziehung an den neuerdings wieder fröhliche Auferstehung feiernden Lobeshymnen auf die Disziplin als probates Mittel der Erziehung Zweifel aufkommen. Der Gefängnisdirektor vertritt die Vorstellung, eine Besserung sei durch Disziplinierung und durch das Brechen des Willens zu bewerkstelligen. Andererseits soll Gewalt mit den Mitteln der modernen Wissenschaft kontrolliert werden. Dabei paart sich ein ungebrochener Glaube an die Möglichkeiten der Psychotherapie in Form einer grotesk ausgestalteten Verhaltenstherapie, die als Gehirnwäsche funktionieren soll, mit skrupelloser Machtausübung. Dafür steht im Film der Innenminister, dem es ausschließlich um seine Wiederwahl geht.

Im Vergleich zur Darstellung der Thematik omnipotenter Gewalt in »Krabat« wird in diesem Film die Identifikation mit omnipotenter Gewalt um ihrer selbst willen, um der Lust an der Gewalt willen und schließlich um der Lust an der Macht willen deutlich betont. Alexander DeLarge wird gezeichnet als einer, dem es um Gewalt um ihrer selbst willen geht, um die Lust an der Destruktivität, wie sie uns in der Form des »Joker« in »Dark Knight« noch einmal in ihrer Reinform begegnen wird. Hier werde ich die in den Figuren des Innenministers und des Gefängnisdirektors verkörperten Formen der omnipotenten Kontrolle und der Herrschaft des Schreckens diskutieren.

Vordergründig argumentieren beide damit, es sei notwendig, die Gewalt und das Verbrechen wirksam zu kontrollieren und sozusagen aus der Welt zu schaffen. Tatsächlich aber macht Kubrick in seinem Film anhand der Figur des Innenministers deutlich, dass es jenseits dieser legitimierenden Argumentation vor allem darum geht, die eigene Macht zu sichern. Wie sehr dies trotz Medienrhetorik in der Lust an der Ausübung destruktiver Gewalt fundiert ist, wird im Film verschiedentlich deutlich gemacht: Die Beamten untersuchen den frisch eingelieferten Alex in demütigender und entwürdigender Weise und genießen dabei ihre Machtposition. Die zu Polizisten mutierten Bandenmitglieder seiner früheren Gang tauchen Alex unter Wasser und verprügeln ihn brutal, was einer Folter gleichkommt. Auch die Umprogrammierungsversuche sind als Folterszenen ausgestaltet. Der Schriftsteller, der Alex für eine politische Wende nutzen will, entlarvt sich schließlich selbst damit, dass er ihn mit Hilfe seiner Freunde zum Selbstmord treibt und dadurch seine absolute Macht demonstriert. Insgesamt macht Kubrick in »A Clockwork Orange« den Gegensatz zwischen einer absoluten Herrschaft und einem willenlosen Individuum zum Thema. Die Herrschaft bestätigt sich selbst vor allem darüber, dass sie, jenseits aller pseudorationalen Legitimationsversprechen, absolute Macht über das Individuum auszuüben vermag.

Jan Philipp Reemtsma hat in seinem im Jahre 2008 erschienenen Buch »Vertrauen und Gewalt« die Figuren der Machtausübung in modernen Gesellschaften aus soziologischer Perspektive analysiert. Seine Grundthese lautet, dass in der Moderne das Vorhandensein von, wie er es nennt, autotelischer Gewalt, einer Gewalt also, die um ihrer selbst willen ausgeübt wird, verleugnet werde. Diese Grundform menschlicher Gewaltanwendung werde in einer spezifischen Selbstverkennung der Moderne als unnatürlich gebrandmarkt. Dies habe zur Folge, dass immer wieder aufs Neue Gewalt um ihrer selbst willen, sinnlose Gewalt, mit der fassungslosen Frage beantwortet werde, wie so etwas überhaupt entstehen könne. Dies führe in einem zweiten Schritt dazu, dass in unseren modernen Gesellschaften eine Tendenz bestehe, immer eine instrumentelle Deutung der Gewalt zu geben, um der Sinnlosigkeit der Gewalt zu entrinnen. Gewalt werde in diesem Prozess der kulturellen Selbstvergewisserung der Moderne durch Erklärungen ihrer guten oder schlechten Motive entschärft. Gewalt aus Habgier oder Gewalt, die damit legitimiert werde, dass man illegitime Gewalt begrenzen müsse, erscheine alle Mal annehmbarer, als realisieren zu müssen, dass Gewalt um ihrer selbst willen ausgeübt werde.

Reemtsma zitierte in diesem Zusammenhang Nietzsche: »So spricht der rote Richter: ›Was mordete doch dieser Verbrecher? Er wollte rauben. Aber ich sage euch, seine Seele wollte Blut, nicht Raub: er dürstete nach dem Glück des Messers! Seine arme Vernunft aber begriff diesen Wahnsinn nicht und überredete ihn‹. ›Was liegt am Blut!‹ sprach sie; ›willst du nicht zumindest einen Raub dabei machen? Eine Rache nehmen?‹ ›Und er horchte auf seine arme Vernunft: wie Blei lag ihre Rede auf ihm, – da raubte er, als er mordete. Er wollte sich nicht seines Wahnsinns schämen‹« (Nietzsche 1999, S. 46).

Reemtsma fährt fort: »Wir halten diesen Gedanken für kulturell unerträglich. Die Behauptung, autotelische Gewalt gehöre zum normalen Verhaltensrepertoire des Menschen, destabilisiert unser Vertrauen in die Haltbarkeit, d. h. in die Selbststeuerung unserer Kultur. Wir halten darum an instrumentellen Deutungen fest – wenigstens solange es geht, etwa so lange die Summe, um die angeblich gemordet worden sei, stimmt« (S. 267). Wenn diese instrumentelle Deutung der Gewalt auch nicht mehr funktioniere, greife man zur Pathologisierung. In diesem Sinne wird für jeden von uns sofort ersichtlich, dass Alexander DeLarge ein »Psychopath« ist. Wir werden uns mit der Frage der individuellen Pathologie später in Kapitel 6 beschäftigen.

Reemtsma fasst seine Sicht auf den Umgang der Moderne mit autotelischer Gewalt und das damit zusammenhängende kollektive Selbstbild, das er in diesem Zusammenhang mit dem Begriff der Imagination bezeichnet, wie folgt zusammen:

»Das Vertrauen in der (und in die) Moderne betreffend ist der wichtigste institutionelle Aspekt, die Kontrolle der Gewaltfreiheit des Alltags mit Hilfe des staatlichen Gewaltmonopols. Der Aspekt der Imagination besteht in der Unterstellung, auf dem Weg in eine gewaltarme Zukunft zu sein, in der Idee, von gewaltsamen Zeiten durch eine historische Barriere getrennt zu sein, in der Vorstellung, autotelische Gewalt sei abscheulich, nicht legitimierbar und ihr Dennoch-Auftreten sei individuellen Pathologien geschuldet. In der Interaktion bestätigen wir einander permanent, dass wir voneinander nichts zu befürchten haben. Wo Gewalt auftritt, wird sie, legitimiert oder nicht legitimiert, versuchsweise als instrumentell aufgefasst. Wo dies nicht gelingt, wird sie (im Individualfall) pathologisiert, und wo auch dies nicht gelingt, zum Rätsel erklärt« (S. 268–269).

Unter diesen Aspekten erscheint die Verheißung einer gewaltfreien Gesellschaft und einer totalen Kontrolle der Gewalt durch den Innenminister fast wie eine Karikatur dieses Prozesses.

Ich komme zurück auf die Faszination, die trotz dieses Kulturprozesses einer Abwehr von Gewalt, nach wie vor von extremer Destruktivität, ausgeht. Im Grunde sind die beiden Formen, die Lust an der offenen destruktiven Gewalt und die Lust an der Machtausübung und der omnipotenten Kontrolle, Kehrseiten ein und derselben Medaille. Wir sind insgeheim ebenso angezogen von diesen Gewaltausbrüchen, wie wir sie zutiefst verabscheuen. Man könnte sagen, der

Schauder des Erschreckens trägt fast immer auch ein Körnchen Faszination in sich, die uns zugleich mit Scham erfüllt.

Besonders deutlich wird dies, wenn wir es mit ungewöhnlich großen Katastrophen oder mit gewalttätigen Ereignissen, wie dem Terroranschlag vom 11. September oder dem Erfurter »School shooting«, zu tun haben. Bewusst macht sich Erleichterung breit, wenn das Ausmaß der Katastrophe nicht so dramatisch ist wie ursprünglich angenommen. Wenn wir aber uns selber gegenüber ehrlich sind, so findet sich im ersten Augenblick oft auch eine gewisse Enttäuschung. Wir selbst sind es, die wir, bei aller Friedfertigkeit, in unserem unbewussten Seelenleben anfällig sind für negativ-destruktive Größenfantasien. Die Mediendarstellung bietet uns beides: die sozial sanktionierte Möglichkeit zur Identifikation mit destruktiven Fantasien und ihre gleichzeitige Abwehr durch Neutralisierung der Affekte, etwa im Rahmen der »objektiven« Berichterstattung, vor allem aber durch projektive Mechanismen. Mit Projektion wird ein Vorgang bezeichnet, bei dem eigene Anteile statt bei sich selbst bei anderen gesehen werden. Die mit destruktiven Fantasien verknüpfte Lust, aber auch die Angst vor der eigenen unbewussten Destruktivität werden durch die Projektion der Destruktivität auf den Täter der eigenen Wahrnehmung entzogen: Er ist der Gewalttäter, und wir haben nichts mit solchen Dingen zu tun. Die Projektion destruktiver Impulse und Fantasien auf ihn ermöglicht bei äußerer Distanzierung von derartigen Wünschen jedoch – und das ist psychisch der große Gewinn eines solchen Mechanismus – eine geheime unbewusste Identifikation. Dies bezeichnete ich an anderer Stelle als Projektion zum Zwecke der Identifikation oder »identifikatorische Projektion« (Günter 2006).

Bei der »einfachen« Projektion steht im Vordergrund, dass der Betreffende ihm selbst unannehmbar erscheinende Wünsche oder Gefühle anderen unterstellt. Insofern betont der Begriff der Projektion die Neigung, Eigenes loswerden zu wollen und bei anderen zu lokalisieren. Dagegen akzentuiert der Begriff der »identifikatorischen Projektion« die bei bestimmten Projektionsvorgängen zu beobachtende Dynamik, dass aggressive oder liebevolle Wünsche und Gefühle projiziert werden, um sich mehr oder weniger problemlos wieder mit ihnen identifizieren zu können. Auf diese Weise können derartige Impulse entschärft werden, indem sie als Äußeres angesehen, etwa projektiv beim Gewalttäter lokalisiert werden. Zugleich kann darüber Gewalt insgeheim wieder besetzt werden. Man ist also die unangenehmen, schamvollen und schuldhaft erlebten Aspekte der Gewalt losgeworden und kann sich dennoch der lustvollen Seite der Beschäftigung mit Gewalt hingeben. Der Wissenschaftler im Film, der das Ludovico-Experiment durchführt, wäre ein Beispiel für diese Art der Abwehr.

Eine Variante der heimlichen Identifikation mit Gewalt im Sinne der identifikatorischen Projektion aggressiv-destruktiver Impulse funktioniert so, dass eine offensichtliche und bewusste Identifikation mit strafenden Gewissensinstanzen in Form der Polizei, strenger gesetzlicher Maßnahmen, der Bestrafung der Täter etc. stattfindet. Damit eröffnet sich eine weitere Möglichkeit sadistisch-destruktiver Identifikationen, die nicht als solche bewusst werden, sondern als gesellschaftlich sanktionierte Form des Gegensteuerns gegen Gewalt und Destruktivität maskiert werden können. Erneut können auf diese Weise Schuld- und Schamgefühle, die bei einem offenen Sich-Einlassen auf Gewalt aufträten, vermieden werden, wie wir bereits im Film am Beispiel des Gefängnisdirektors und der Minister wie auch der Beamten, die sich berechtigt fühlen, Alexander zu disziplinieren, gesehen haben.

Ein weiteres Problem kommt hinzu: Das Zähmen aggressiv-destruktiver Triebe, das Unterordnen ihrer unmittelbaren Befriedigung unter den Kulturprozess, beispielsweise unter das Gewaltmonopol des Staates, schafft, wie Freud zeigte, »das Unbehagen in der Kultur« (1930a). Diese »Kulturversagung« ist die Ursache der Feindseligkeit des Menschen gegenüber der Kultur. Sie hinterlässt eine Lücke, die mit vordergründiger Unterwerfung unter die Anforderungen der Kultur, man könnte auch sagen: durch Sublimierung und narzisstischen Gewinn, gefüllt wird. Diese durch die Kultur und die Triebversagung erzeugte Lücke bleibt dennoch potentiell virulent und ist ein Einfallstor für Identifikationen mit destruktiven Impulsen, zumal wenn diese im Gewand der herrschenden Kultur angeboten werden. Geheime Identifikation mit der destruktiven Gewalttat und offene Identifikation mit strenger Bestrafung können so dem gleichen Zweck dienen: einer Fantasie ungehemmter Befriedigung von aggressiven Triebimpulsen.

Womöglich haben wir uns damit abzufinden, dass uns Menschen ein immerwährender, lebenslanger Kampf um die soziale Einbindung unserer destruktiven Neigungen auferlegt ist. Gelingt dies, müssen wir zugleich darum ringen, der Gefahr einer rigiden Fixierung auf destruktive Identifikationen entgegenzusteuern, um nicht in autoritären Mustern zu erstarren. In der Adoleszenz scheint die Gefahr einer Fixierung auf offen destruktiv-gewalttätige Identifikationen offensichtlicher. Dagegen wächst im Erwachsenenalter die Gefahr einer – aus Angst vor den äußeren Gefahren wie vor den inneren abgewehrten destruktiven Seiten gespeisten – heimlichen Identifikation mit destruktiven Impulsen in Form einer Orientierung an Recht und Ordnung, an staatlich legitimierter Gewalt, wie sie autoritäre Gesellschaften kennzeichnet. Dies zeigt »A Clockwork Orange« in der Entgegensetzung der offenen und brutalen Gewalt Alexanders und der im Gewande der Rechtschaffenheit daherkommenden Gewalt der etablierten Erwachsenen eindrucksvoll.

Georg Büchner hat in seinem Drama »Dantons Tod« die Dynamik dieses Umschlags von revolutionärer Gewalt, also einer offenen Identifikation mit Gewalt, wie sie ursprünglich von Danton vertreten wurde, die ihm aber mittlerweile zweifelhaft geworden ist, in jakobinischen Terror, d.h. einer subtilen, aber umso wirksameren Identifikation mit Gewalt im Gewande der Rechtschaffenheit, wie sie Robbespiere propagiert und schließlich durchsetzt, anhand der beiden Gegenspieler Danton und Robespierre eindrücklich dargestellt:

Robespierre: »Die gute Gesellschaft ist noch nicht tot, die gesunde Volkskraft muss sich an die Stelle dieser nach allen Richtungen abgekitzelten Klasse setzen. Das Laster muss bestraft werden, die Tugend muss durch den Schrecken herrschen.«
Danton, schwankend zwischen Identifikation mit der revolutionären Gewalt, Schuldgefühlen und Resignation, antwortet ihm, indem er ihn provoziert:
Danton: »Robespierre, du bist empörend rechtschaffen. Ich würde mich schämen, dreißig Jahre lang mit der nämlichen Moralphysiognomie zwischen Himmel und Erde herumzulaufen, bloß um des elenden Vergnügen willen, andere schlechter zu finden als mich – Ist denn nichts in dir, was dir nicht manchmal ganz leise, heimlich sagte: du lügst, du lügst!?«
Robespierre: »Mein Gewissen ist rein.«

Danton: »Das Gewissen ist ein Spiegel, vor dem ein Affe sich quält; jeder putzt sich, wie er kann und geht auf seine eigene Art auf seinen Spaß dabei aus. Das ist der Mühe wert, sich darüber in den Haaren zu liegen! Jeder mag sich wehren, wenn ein anderer ihm den Spaß verdirbt. Hast du das Recht, aus der Guillotine einen Waschzuber für die unreine Wäsche anderer Leute und aus ihren abgeschlagenen Köpfen Fleckkugeln für ihre schmutzigen Kleider zu machen, weil du immer einen sauber gebürsteten Rock trägst?«

Danton benennt genau die Stelle, an der wir vorsichtig werden sollten. Unser reines Gewissen, wenn wir die Bösewichter verurteilen, täuscht uns allzu leicht darüber hinweg, wie viel destruktive Lust im Spiel ist, wenn die aggressiven Identifikationen unter dem Deckmantel der Bestrafung des Lasters ausgelebt werden. Der »gesunden Volkskraft«, wie sie Büchner Robespierre propagieren lässt, ist nicht zu trauen. Sie ist allzu schnell bereit, drastische Mittel anzuwenden, denn die von ihr propagierte Tugend gewinnt ihre Attraktivität vor allem aus der Herrschaft des Schreckens, deren Rechtfertigung sie darstellt.

Seien wir also kritisch uns selbst gegenüber, wenn wir nach schärferer Bestrafung der Gewalttäter schreien. Misstrauen wir unseren eigenen Machtgelüsten, selbst dann, wenn wir sie an große Führungspersönlichkeiten abgegeben haben und uns sozusagen in ihren Rockfalten verstecken. Misstrauen wir aber vor allem der Ideologie, dass totale Kontrolle möglich sei, auch wenn sie noch so vernünftig daherkommt. Nahezu jeder Fall einer unvorhergesehenen Gewaltkonstellation wird dazu benutzt, zu argumentieren, dass Lücken geschlossen werden müssten. Zugleich wird fälschlicherweise vorgespiegelt, mit Hilfe einer dichteren Kontrolle seien alle Risiken aus der Welt zu schaffen. Dies ist der Traum, von dem Versicherungsvertreter leben und den manche Machtmenschen träumen, der aber allzu leicht zu einem Albtraum werden kann. Denn die Begrenzung der Macht gelingt nur, wenn die Bereitschaft besteht, sich der Realität zu stellen und den Gefahren mit offenen Augen zu begegnen.

Wer ließe sich nicht gerne in Sicherheit wiegen und opferte dafür auch ein Stück seiner Freiheit, tun und lassen zu können, was ihm gerade einfällt. Die Gefahren dieser strukturellen Gewaltverhältnisse resultieren ebenso sehr aus dem Bedürfnis nach allumfassender Sicherheit und Kontrolle, das uns allen zu eigen ist, wie aus dem Genuss der Macht, der für manche zu verführerisch ist, als dass sie ihm widerstehen könnten. Daher bedarf es der ständigen selbstkritischen Befragung ebenso wie einer wachsamen und kritischen Öffentlichkeit und Macht begrenzender Institutionen, so unbequem sie im Einzelfall auch sein mögen.

4 Gewalt als letzter Ausweg in der Not

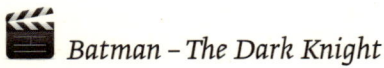 *Batman – The Dark Knight*

Die abendländische Literatur beginnt mit der Geschichte der schönen Helena, die von Paris geraubt wurde. Dies gab Anlass zum Krieg der Griechen gegen Troja, der in der »Ilias« als eine Geschichte unerhörter Gewalt dargestellt wurde. Die »Ilias« kann als Gründungsmythos der abendländischen Geschichte betrachtet werden. Sie gründet die Einigung der Griechen und deren Zusammengehörigkeitsgefühl auf pure Gewalt. Auch wenn der nüchterne Betrachter Agamemnons Machtpolitik vielleicht als den eigentlichen Grund des Krieges ansehen mag, ist der Anlass dieses ersten Krieges der abendländischen Literatur und damit schriftlich überlieferten Gewaltgeschichte der Verlust eines wichtigen und wertvollen Menschen, eben der Raub Helenas. Anstelle der Trauer macht sich Wut breit, die Agamemnon geschickt für seine Zwecke zu nutzen versteht. Auch Achilles sucht im Verlauf des Krieges und der Belagerung Trojas den Verlust seines geliebten Freundes Patroklos durch gewalttätiges Wüten gegen die Trojaner zu bekämpfen, das im widerlichen Schänden des Leichnams Hektors einen seiner traurigen Höhepunkte findet.

Wenn wir uns also gegen das blinde Wüten des Schicksals auflehnen, dann liegt uns die Anwendung von Gewalt nicht fern. In diesem Kapitel wird es um den Verlust eines wichtigen Menschen bzw. einer tragenden Beziehung als Auslöser von Gewalt gehen. Wie wir bereits in Kapitel 2 gesehen haben, ist die Regulation des Selbstwertgefühls ein zentraler Punkt, wenn man die seelische Funktion von Gewalt und ihre Attraktivität verstehen will. Für Krabat war der Verlust der Mutter der traumatische Einbruch, den er mit der Orientierung an der magisch omnipotenten Gewalt des Meisters zu bewältigen versuchte. Der Verlust einer als schützend empfundenen tragenden Beziehung zu einem anderen Menschen kann insbesondere dann, wenn man sich auf diesen Menschen angewiesen fühlt, das Einfallstor für eine tiefgreifende Verunsicherung sein, die auf unterschiedlichste Weise abgewehrt wird.

Eine dieser Abwehrmöglichkeiten ist die Orientierung an Gewalt, ja in manchen Fällen die Fixierung auf gewalttätige Fantasien oder gewalterfülltes Handeln. Die Gewalt hat in all diesen Fällen, sei es in der Fantasie, sei es im handelnden Vollzug, mehrere Funktionen: Sie schließt die Lücke, die der verlorene Mensch hinterlassen hat; und sie hilft einem dabei, aus der Position des hilflosen Opfers in die eines handelnden und wieder aktiv gestaltenden Menschen zu gelangen. Indem ich als Täter andere zu Opfern mache, gelingt mir eine Umkehr: Ich bin nicht mehr derjenige, der die Dinge passiv erleidet, sondern der, der sie aktiv gestaltet. Die Gewaltfantasie und das Gewalthandeln können auch dabei unterstützen, einen Ausdruck für die Wut zu finden, die aus der Enttäuschung und dem Verlassenwerden hervorging. Indem Gewalt diese Wut nach außen kehrt, wird sie, wenn auch nicht bewältigt, so doch zumindest für den Moment entschärft. All dies ermöglicht, die narzisstische Wunde, das zutiefst verletzte Selbstwertgefühl wieder aufzurichten, auch wenn dies auf Kosten einer wirklichen seelischen Auseinandersetzung mit dem Verlust erfolgt. Insofern tendieren derartige Gewaltmechanismen dazu, die ihnen zugrundeliegende Problematik nicht wirklich erledigen zu können, sondern sich immer mehr in dem betreffenden Menschen festzusetzen und dessen Fähigkeit, mit Kränkungen und Verlust fertig zu werden, auf Dauer zunehmend zu beschränken.

Der Batman-Film »The Dark Knight« (2008) ist einer der Filme, die das Thema des traumatischen Verlustes und der daraus resultierenden Kompensation in Form einer Gewaltfixierung grandios durchspielen. Erhellend ist er vor allem deshalb, weil er anhand der drei männlichen Hauptfiguren verschiedene Formen der Gewalt beleuchtet.

Er ist der aufwendigste einer ganzen Reihe von Verfilmungen der Comic-Serie mit der Hauptfigur des Batman. Die bis zu dieser Verfilmung bekannteste dürfte wohl die aus dem Jahre 1989 sein, in der Jack Nicholson den Joker spielte. Der aktuelle Film, in dem Christian Bale den Batman und Heath Ledger den Joker spielen – Regie führte Christopher Nolan –, war der kommerziell erfolgreichste Film aller Zeiten. Er spielte über eine Milliarde US-Dollar ein, die Produktionskosten betrugen 185 Millionen Dollar.

Die Geschichte, die der Film erzählt, ist rasch zusammengefasst. Ich werde mich im Weiteren vor allem auf die drei Figuren Batman, Joker und Harvey Dent, den Staatsanwalt, der auch »The Two Faces« genannt wird, konzentrieren. Batman bzw. in seiner bürgerlichen Rolle Bruce Wayne und der Polizeibeamte Gordon bekämpfen gemeinsam mit dem neuen Distriktstaatsanwalt Harvey Dent das organisierte Verbrechen in Gotham-City. Joker bietet den Mafiabossen an, Batman zu töten, und fordert dafür 50 Prozent ihres Geldes. Er kündigt an, so lange Tag für Tag Menschen zu töten, bis Batman sich zu erkennen gibt und sich demaskiert. Er erreicht sein Ziel tatsächlich, wird aber schließlich verhaftet und gibt im Verhör preis, dass er Rachel, die frühere Freundin Batmans, und den Staatsanwalt Harvey Dent, jetzt mit Rachel liiert, an verschiedenen Orten gefangen hält. Er macht Batman klar, dass er nur einen von beiden retten könne und daher über den Tod des anderen zu entscheiden habe. Er vertauscht jedoch die Adressen, sodass Batman entgegen seiner Absicht Dent statt Rachel rettet.

Harvey Dents linke Gesichtshälfte wird bei dem Feuer, das der Joker entzündet, verbrannt. Dent startet wegen Rachels Tod einen Rachefeldzug gegen alle, die er für ihren Tod verantwortlich macht, insbesondere gegen die beteiligten Polizeibeamten. Er wirft Münzen, die zwei Köpfe tragen, einen hellen auf der Vorderseite und einen dunklen auf der Rückseite, und lässt somit den Zufall entscheiden, ob er jemanden leben lässt oder umbringt. Daher auch die Bezeichnung »The Two Faces«, der nicht nur seine beiden Gesichtshälften im Sinne eines Januskopfes entsprechen, sondern die auch seine Persönlichkeit charakterisiert. Der strahlende Staatsanwalt Harvey Dent, der das Verbrechen mit Recht und Ordnung bekämpft, mutiert zum willkürlichen Rächer, der den Zufall darüber entscheiden lässt, wer leben darf und wer seiner tödlichen Rache anheimfällt.

Joker treibt derweil sein grausames Spiel weiter, flieht aus dem Gefängnis, droht, ein Krankenhaus in die Luft zu sprengen und setzt dies schließlich in die Tat um. Er hetzt die Passagiere zweier voll beladener Fähren, eine mit den von Harvey Dent gefangenen Verbrechern, eine mit fliehenden Bürgern, die für das jeweils andere Schiff die Zünder für Sprengladungen besitzen, aufeinander und wird schließlich von Batman festgenommen. Batman übernimmt am Ende die Schuld für die Morde Harvey Dents, um den Menschen nicht den Glauben an den strahlenden Kämpfer für Recht und Ordnung zu nehmen. Soweit die Geschichte des Films, der natürlich mit spektakulären Stunts und Verfolgungsjagden aufwartet.

Batman alias Bruce Wayne ist fraglos die uninteressanteste Figur des Dreigestirns, um das herum sich dieser Film entwickelt. Er ist ein braver Rächer, der mit maßvollem Hang zur Gewalt Recht und Ordnung aufrechterhält und durchsetzt. Vor ihm zittern die Verbrecher, ihn lieben die Massen, bis Joker die Stadt erpresst und die Auslieferung Batmans fordert, woraufhin die Stimmung gegen ihn kippt. Er kommt in seiner narzisstischen Art mit seinen phallischen Attributen, dem neu konstruierten Anzug, dem Bat-Mobil und dem Bat-Pod etwas biederlich plump daher. Als Bruce Wayne ist er unermesslich reich und hat die potenteste Technik zur Verfügung, wirkt aber für meinen Geschmack auch hier etwas glatt gebügelt und dürftig.

Batmans Geschichte beginnt eigentlich erst mit der Ermordung seiner Eltern, die von einem Straßenräuber in einer dunklen Gasse erschossen werden, was er als Kind mit ansehen muss. Er schwört sich am Grab der Eltern, Gotham-City vom Verbrechen zu säubern, und legt sich, um dieses Ziel zu erreichen und die Kriminellen in Angst und Schrecken zu versetzen, eine Maske und damit eine zweite Identität zu. Das Kostüm ist dabei ebenso sehr Verkleidung wie Schutzpanzer. Ich deute dies psychologisch im Sinne eines harten, unverwundbaren falschen Selbst, das die weichen und verletzlichen Seiten seiner kindlichen Identität verdeckt und schützt. Zusammenfassend könnte man die Rolle Batmans als narzisstische Panzerung verstehen, die ihn folgerichtig auch daran hindert, mit einer Frau eine intime Beziehung einzugehen. Sein einziger Vertrauter ist der Butler Alfred, der ihn anstelle der Eltern großgezogen hat.

Harvey Dent, der Bezirksstaatsanwalt von Gotham-City, zeigt den Zerfall seiner selbst in zwei Identitäten – bei Batman sind Maske und bürgerliche Identität noch kompatibel – noch viel deutlicher, sowohl in seinem Namen, »Two

Faces« als auch durch sein Gesicht, das in zwei gegensätzliche Hälften zerfällt: Die rechte Gesichtshälfte ist attraktiv, schön und makellos, die linke Gesichtshälfte dagegen in den klassischen Versionen der Geschichte seit dem Säureangriff eines Angeklagten im Gerichtssaal zernarbt und abstoßend. Im Film entsteht die grausige Entstellung durch das Feuer, dem Harvey Dent im Gegensatz zu Rachel in der vom Joker konstruierten unausweichlichen Dilemmasitua-

Janusköpfige Münze aus dem 4.Jh.v.Chr. Das Janusmotiv war ursprünglich eine zweiköpfige Darstellung der Gottheit Janus mit identischen Gesichtern, eins nach vorne, eins rückwärts gewannt. Nach und nach wurden auch andere Gottheiten janusköpfig dargestellt. Oftmals wurden auch zwei Gottheiten kombiniert, wie auch auf dieser Münze, auf der wir Zeus und Hera abgebildet sehen.

tion entfliehen kann. Diese Zwiespältigkeit des Charakters hat ihr Vorbild im römischen Gott Janus, dem Symbol der Zwiespältigkeit, dem Gott des Anfangs und des Endes, der Türen und der Tore. Ihm ist der Monat Januar, der den Anfang des Jahres bezeichnet, gewidmet.

Harvey Dents Markenzeichen ist ein Silberdollar, bei dem – ähnlich wie bei den janusköpfigen Darstellungen auf antiken Münzen – auf beiden Seiten ein Kopf eingeprägt ist, wobei der Kopf auf der einen Seite hell und unversehrt, auf der anderen Seite dunkel und zerkratzt ist. Je nachdem, auf welche Seite die Münze fällt, tritt der skrupellose Rächer in Aktion oder das Opfer wird verschont. Verschiedentlich wurden Parallelen zu Dr. Jekyll und Mr. Hyde sowie zu multiplen Persönlichkeiten und Borderline-Persönlichkeitsstörungen gezogen.

Mir geht es hier jedoch jenseits einer ohnehin immer fiktiven psychopathologischen Einordnung derartiger Kunstfiguren darum, ob nicht Harvey Dent mit seiner ebenfalls schweren narzisstischen Verwundung als eine Zuspitzung Batmans verstanden werden kann. Diese Möglichkeit, dass die drei in einer anderen Lesart unterschiedliche Aspekte ein und derselben Person sein könnten, trifft auch für den Joker zu. Auch er berichtet davon, schwere narzisstische Verletzungen erlitten zu haben. Diese Identität der drei Hauptfiguren wird, obgleich sie als Gegenspieler angelegt sind, im Übrigen im Film selbst in vielfältiger Weise nahegelegt: Batman, der gute Rächer, Joker, der absolut böse, irre Psychopath, und Harvey Dent, im ersten Teil der strahlende Held, im zweiten Teil der willkürliche Rächer, haben, so unterschiedlich sie sein mögen, eines gemeinsam: Sie tragen alle drei eine Form von Maske. Batman muss sich verkleiden, Harvey Dent hat die schwere Entstellung seines Gesichtes erlitten, und der Joker ist in grotesk maskenhafter Weise ge-

Batman – The Dark Knight

schminkt. Ein Toter, der als Batman verkleidet gegen das Fenster des Bürgermeisters knallt, hat das Gesicht des Jokers. Batman und Harvey Dent lieben ein und dieselbe Frau, Rachel, und es bleibt letzten Endes unklar, ob Rachel sich überhaupt und wenn, für wen sie sich entscheiden wird. Schließlich trägt der Joker, als er Harvey Dent im Krankenhaus aufsucht, auf seiner Krankenpflegerjacke gut sichtbar den Namen Dent.

Zurück zu Dent alias »Two Faces«: Die bedingungslose Verfolgung des Verbrechens und der Verbrecher nimmt mehr und mehr Formen eines Kreuzzuges an, in dem sich Rachegelüste, sadistische Machtausübung und narzisstische Selbstüberhöhung als Herr über Leben und Tod in den Vordergrund drängen. Psychoanalytisch gesehen wird in »Two Faces« der Verlust des guten Objektes, der Tod der Freundin Rachel, mit einer Vertiefung der Spaltung zwischen guten und bösen Selbstanteilen beantwortet. Die destruktiven Anteile werden nach außen projiziert, speziell auf die Polizei, der Dent die Schuld am Tod Rachels gibt und deren Versagen er grausam bestraft. Dabei ist die Polizei der verlängerte Arm der Staatsanwaltschaft, also in gewisser Weise nichts anderes als ein Werkzeug Dents, was den projektiven Charakter der Beschuldigungen der Polizei umso deutlicher hervortreten lässt. Harvey Dent hat im Übrigen mit seinem eigenen Verhalten, der unnachgiebigen Verfolgung der Verbrecher, Joker erst heraufbeschworen. Der primitive Abwehrmechanismus der Spaltung ermöglicht ihm jedoch die Abwehr seiner eigenen Schuld. Die dazu angewandten Mechanismen sind allerdings wesentlich bösartiger als die Abwehrmechanismen, die beispielsweise »Mundharmonika« in »Spiel mir das Lied vom Tod« gegen die Schuld anwenden musste (siehe Kapitel 1). Daher ist seine Destruktivität auch kaum mehr zu begrenzen und trifft Schuldige wie Unschuldige unterschiedslos. Sein Neid auf alle, die in seinen Augen eine gute und tragende Beziehung zu einem anderen Menschen, beispielsweise einem Ehepartner oder Kindern, besitzen, ist nicht mehr zu besänftigen. Dieser Neid führt schließlich zu seinem eigenen Tod, als er den Sohn des Polizeichefs Gordon vor dessen Augen ermorden will.

Die Psychoanalytikerin und Kinderanalytikerin Melanie Klein hat diese Mechanismen, die bereits Kinder immer tiefer in einen Teufelskreis aus Aggressivität und Verfolgungsangst treiben können, in ihrem letzten großen theoretischen Werk »Neid und Dankbarkeit« (1957) detailliert dargestellt. Durch die eigene Aggressivität und durch die durch sie ausgelösten Projektionen werden die bösen und verfolgenden Aspekte des Objektes immer weiter verstärkt, sodass das Objekt zugleich gefürchtet sei und immer wieder aggressiv attackiert werde. Insbesondere komme es dadurch dazu, dass die guten Aspekte neidvoll attackiert würden, sodass sich das Kind immer weiter in Schuldgefühle verstricke. Eine Intensivierung des Hasses werde auf diese Weise verständlich, denn dieser erscheine weniger schmerzvoll als das Schuldgefühl, das aus dem Neid und den zerstörerischen Angriffen auf das Objekt erwachse. Sie kommt zu dem Schluss, dass diese »zerstörerischen und destruktiven Eigenschaften den Aufbau einer sicheren Beziehung zu dem guten …Objekt beeinträchtigen, das Gefühl der Dankbarkeit untergraben und die Unterscheidung zwischen Gut und Böse in vielerlei Weise verwischen« (S. 360).

Die interessanteste Figur des Dreigestirns ist zweifellos nicht nur wegen des allgemein in der Kritik diskutierten Eindrucks, dass Heath Ledger alle anderen Figuren des Films mehr oder weniger an die Wand spielte, der Joker. Er ist ein skrupelloser Krimineller, der dezidiert die Zerstörung aller

Regeln und sozialen Verbindlichkeiten zum Ziel hat. Seine reine Lust an der Destruktivität ohne jedes »vernünftige« und nachvollziehbare Ziel, etwa Macht, Reichtum oder die Durchsetzung ideologischer Zielsetzungen, wirkt extrem irritierend und wird von Heath Ledger in irrlichternder Weise in Szene gesetzt. Einzig die Suche nach Ruhm, die im Batman-Film von 1989, in dem Jack Nicholson den Joker darstellte, noch ganz explizit in der Konkurrenz zu Batman als entscheidendes Motiv des Jokers kenntlich gemacht wird, taucht auch in diesem Film immer wieder auf, wenn er die Stadt in Angst und Schrecken versetzt, dazu die Medien nutzt und daran sein Vergnügen findet.

Auch Joker ist gezeichnet von einer schweren Verletzung des Gesichts, einer narzisstischen Wunde, die ihm zugefügt wurde. In »The Dark Knight« erzählt er in der ersten Version die psychologisch überaus stimmige Geschichte eines brutalen, gewalttätigen Vaters, der seine Aggressionen gegen die Mutter richtete. Das Entsetzen des Jungen über die brutale Gewalt des Vaters gegenüber der Mutter verstand dieser nicht nur nicht, sondern quittierte es sogar höhnisch und gewaltsam, indem er ihm ein Lächeln in den Mund schnitt. Auch hier also eine Figur, die von allen guten Objekten verlassen wurde, was sich in der zweiten Version seiner Geschichte der Entstellung des Gesichtes, psychologisch gesprochen in Form einer Retraumatisierung, noch einmal wiederholt. Er schnitt sich, so berichtet er Rachel, mit einer Rasierklinge selber den Mund auf, um seiner Frau ähnlich und nahe zu sein, und wurde von ihr daraufhin verlassen. Diese völlig konträren Versionen werden teilweise als Beleg für seine Skrupellosigkeit und Unzuverlässigkeit angesehen. Ich möchte dagegen die innere Stimmigkeit der beiden, vom äußeren Ablauf her völlig unterschiedlichen Versionen hervorheben. Der zutiefst traumatische Verlust eines guten und schützenden Objektes, zunächst der Mutter, dann der Partnerin, und die Zerstörung des Selbst, vor allem einer guten Selbstrepräsentanz, führen dazu, dass er sich in die absolute Destruktivität, in die Zerstörung jeglicher gefühlshafter Bindungen flüchtet. Man könnte mit den Worten des englischen Psychoanalytikers Wilfred R. Bion (1990) sagen, die drei Grundformen von Verbindungen zwischen Menschen »L« wie Love, Liebe, »H« wie Hate, Hass und »K« wie Knowledge, Kennenlernen, Erkennen werden von ihm unterbrochen. Jede Form der gefühlshaften oder erkennenden Beziehung zu Objekten wird zerstört, um sich vor dieser schweren Traumatisierung zu schützen. Liebe, Hass oder Neugierde auf andere Menschen wären ebenso wie Macht und Reichtum Kategorien, mit denen er sich in Beziehung setzen würde, was er vermeidet. Er identifiziert sich mit der Regellosigkeit, dem Chaos, der Zerstörung. Joker sagt daher auch: »Ich mag Dinge wie Dynamit, Schießpulver und Benzin ... und weißt Du, was diese Dinge gemeinsam haben? Sie sind *billig*.«

Er zieht seine »negative Identität« im Sinne Erik H. Erikssons (1956), eines amerikanischen Forschers, der sich intensiv mit der Identitätsbildung im Verlauf der menschlichen Entwicklung und der sozialen Einbindung des Menschen beschäftigte, einzig und allein daraus, dass er das, was ihm an Bösem zugeschrieben wird, auch erfüllt, ja geradezu zur Perfektion steigert. Unter den Augen der staunenden und entsetzten Öffentlichkeit – er weiß die Medien perfekt zu nutzen – stilisiert er sich so zu einem Anti-Anti-Helden, wie es in einer Kritik heißt (Schweizerhof in der taz vom 19. 08. 2008). Die zwei Facetten, die totale Destruktivität auf der einen Seite und der narzisstische Genuss der grandiosen destruktiven Inszenierung, die von aller Welt mit Entsetzen zur Kenntnis genommen wird, durchdringen sich gegenseitig und machen die Figur so unberechenbar, irritierend und schillernd.

Wie der Massenmörder, der in die Schule eindringt, um möglichst viele Menschen zu erschießen, giert er nach der Aufmerksamkeit der entsetzten Medienöffentlichkeit. Im Gegensatz zum Massenmörder konnte er jedoch seine starke Fixierung auf die schweren Kränkungen, die er erlitten hat, in eine *lustvoll* öffentlich zelebrierte Destruktivität umwandeln. Er verleugnet im Gegensatz zu jenem den Hass, der sein Handeln bestimmt, und gewinnt so die scheinbare Freiheit, jede soziale Regel genussvoll zu brechen, die er exzessiv propagiert. Wie der geniale Verbrecher sonnt er sich andererseits im narzisstischen Glanz seiner Überlegenheit gegenüber Polizei, Batman und allen, die ihn verfolgen, hat sich aber im Gegensatz zu jenem von allen sonstigen Zielen freimachen können. Selbst seine ursprünglich propagierte Botschaft, die Vision einer Welt ohne Batman, wird von ihm selbst zurückgenommen zugunsten eines ewigen Aufeinander-bezogen-Seins. Er möchte Batman als Gegenspieler behalten.

Gegen diesen Joker klingt Goethes Mephisto geradezu betulich, wenn er sagt:

»Ich bin der Geist, der stets verneint!
Und das mit Recht: denn alles, was entsteht,
ist wert, dass es zugrunde geht;
drum besser wär's, dass nichts entstünde.
So ist denn alles, was ihr Sünde,
Zerstörung, kurz das Böse nennt, mein eigentliches Element.«

(Faust I, 1340 – 1346).

Fallgeschichte Jonas, 15 Jahre:

Vor einiger Zeit begutachtete ich den 15-jährigen Jonas, der morgens in ein Nachbarhaus eindrang und die Besitzerin mit einem großen Messer bedrohte, damit sie ihm Geld und ihren Autoschlüssel gebe.

Gemäß seines vorgefassten Plans wartete er erst ab, bis sie mit dem Auto weggefahren war, schlug dann eine Scheibe ein und stieg in das Haus ein. Er durchsuchte das Haus nach Geld und nistete sich, nachdem die Besitzerin entgegen seiner Erwartung länger nicht zurückkehrte, mehr oder weniger wohnlich im Zimmer des gleichaltrigen Sohnes ein. Er sah dort fern, spielte Computerspiele, hängte seine Jacke in den Schrank, legte seine Schulbücher zwischen die Schulunterlagen des Sohnes in den Schreibtisch und wartete auf die Rückkehr der Frau. Als diese längere Zeit nicht kam, erfasste ihn Langeweile und Wut, und er stach auf die Matratze des Sohnes ein. Als die Frau schließlich eintraf, lauerte er ihr im Eingangsbereich des Hauses auf und hielt ihr das Messer an den Hals. Sie konnte ihm das Messer entwenden. Er bedrohte sie aber weiterhin. Als sie ihn fragte, was er denn wolle, konnte er zunächst gar nichts sagen. Schließlich, nach einigem Nachfragen ihrerseits, antwortete er, dass er den Autoschlüssel und Geld wolle. Nach einem weiteren halbstündigen Hin und Her erlangte er schließlich den Autoschlüssel und versuchte, mit dem Auto wegzufahren. Die Flucht endete jedoch am Pfeiler des Gartentores.

Anlass der Tat war, dass Jonas unbedingt nach Hause zu seiner Mutter wollte. Er war vor Ort in einer Familienpflegestelle untergebracht, wo er sich dem Anschein nach recht wohl fühlte, aber immer wieder drängte, zu seiner Mutter zurückkehren zu dürfen. Kurze Zeit zuvor hatte er eine Weihnachtsbeurlaubung für einen Besuch der Mutter eigenmächtig verlängert, wobei ihm die Mutter geholfen hatte, indem sie ihn zu Hause versteckte. Er war vor der Aufnahme in diese Familienpflegestelle mehrere Jahre in einem Heim gewesen, in dem er sich zunächst recht gut und problemlos auf die Situation eingelassen und angepasst hatte. Seit etwa einem Jahr jedoch, nachdem die ältere Schwester durch renitentes und aggressives Verhalten eine Entlassung aus dem Heim erreicht hatte und mittlerweile zur Mutter zurückgekehrt war, wo sie, kaum zu Hause, schwanger geworden war, hatte auch er in Schule und Heim außerordentlich aggressiv-destruktive Verhaltensweisen an den Tag gelegt, um ebenfalls nach Hause zur Mutter entlassen zu werden.

Als ich Jonas sah, machte er den Eindruck eines typisch deprivierten Kindes: Er legte über weite Strecken eine etwas lakonische, pseudocoole Haltung an den Tag, wirkte dabei weitgehend distanziert von seinen Affekten. Diese Haltung wirkte jedoch deutlich fassadenhaft, und tatsächlich wurde er, wenn er im Gespräch emotional belastet wurde, etwa durch Fragen nach seiner Vorgeschichte oder seiner Perspektive, sehr schnell gereizt und aggressiv. Er brauste trotz der Haftsituation heftig auf, beschimpfte alle und jeden aufs Übelste, um recht schnell wieder in diese kühl-distanzierte, fassadenhafte Haltung zurückzufallen. Daneben war eine verfestigte Abwehrhaltung zu erkennen, die er selbst damit charakterisierte, dass er keine Hilfe brauche: »Ich kann mir selber helfen, das musste ich oft genug!« Neben einer grundsätzlichen Oppositionshaltung wurde deutlich, dass er gegenüber einem tieferen Sich-Einlassen auf irgendwelche emotionalen Beziehungen außerordentlich vorsichtig und misstrauisch war, was ihn nicht gehindert hatte, sich offenbar oberflächlich über Jahre hinweg hervorragend in der Wohngruppe anzupassen. Wenn man weiter nachfragte, wurde allerdings deutlich, dass er sich auch dort vermutlich nie tiefergehend auf Beziehungen eingelassen hatte. Auch die ausgeprägte Idealisierung der Mutter, auf die er nichts kommen ließ, führte nicht dazu, dass er etwa, wenn er zu Hause war, dort blieb, sondern im Gegenteil dazu, dass er sich sofort aus dem Staub machte und mit Kumpels herumhing.

Jonas war ein Junge, der gemeinsam mit mehreren Geschwistern bei zwei schwer heroinabhängigen Eltern groß wurde. Er war von frühester Kindheit an, also bereits als Säugling, dem Hin und Her ausgesetzt zwischen Sucht, Entzugstherapie, Rückfall und konkret dem

Hin und Her zwischen elterlicher affektiver Nichtansprechbarkeit während des Opiatrausches, elterlicher Gereiztheit und Gewaltausbrüchen während der Entzugssymptome und tagelangem Eingeschlossensein in der Wohnung mit den Geschwistern ohne jede Versorgung. Erst im Alter von 11 Jahren kam er in das oben erwähnte Heim.

Das vordergründige, wenn auch in der Art und Weise der Durchführung kaum nachvollziehbare Motiv der Gewalttat Jonas' war die Rückkehr zu seiner Mutter. Sein gesamtes Verhalten bis hin dazu, dass er sich mehr oder weniger als Sohn im Haus der Frau einnistete, wurde erst verstehbar, wenn man es auf die tiefen Verletzungen bezog, die er durch die schwere Vernachlässigung davongetragen hatte. Sie erschütterten ihn nachhaltig und koppelten seine Sehnsucht nach Geborgenheit und verlässlichen Beziehungen mit der Wut, die aus den vielfältigen Verunsicherungen und Enttäuschungen seines Lebens geboren wurde. Er versuchte tiefergehende Beziehungen zu vermeiden, weil sie ihm seine zutiefst empfundene Beziehungslosigkeit schmerzlich bewusst machten. Die Gewalt gekoppelt mit der Fantasie, auf diese Weise doch eine Mutter erreichen zu können, erschien ihm als Ausweg aus dieser subjektiv unerträglichen Situation.

Fallgeschichte Lukas, 16 Jahre:

Der 16-jährige Lukas war im Alter von zwei Jahren aus desolaten familiären Verhältnissen adoptiert worden. Er zeigte von Anfang an aggressive Auffälligkeiten, hatte beispielsweise als kleines Kind dem Bruder mit einer Schere das Ohr abgeschnitten und auch Meerschweinchen getötet. Im Kindergarten hatte er den Puppen Haare abgefackelt und begonnen, größere Geldsummen zu stehlen. Die anderen Kinder wurden von ihm geplagt und alles um ihn herum wurde von ihm kaputt gemacht. Ab dem Alter von etwa 12 Jahren begann er in größerem Umfang zu stehlen, hatte Schlägereien oder verteilte große Mengen Alkohols, den er gestohlen hatte, in der Schule. Unter anderem hatten er und einige Kameraden sich so auf einen anderen

Jungen gelegt, dass dieser keine Luft mehr bekam, und dies per Handy gefilmt. Schließlich wurde er mit 13 Jahren aus der Schule geworfen und kam in eine Jugendhilfeeinrichtung. Nach kurzer Zeit sei er jedoch auch dort hinausgeflogen, nachdem er den Leiter der Einrichtung geschlagen hatte.

Zu Hause saß er mittlerweile 15 Stunden am Tag vor dem Computer, hatte von seinem PC aus Gewaltvideos verschickt und vage mit einem Amoklauf gedroht. Er war gewalttätig gegen die Geschwister, hatte beide Eltern bedroht, geschlagen und verletzt und war völlig ausgerastet, wenn man ihm irgendwelche Einschränkungen auferlegte. Er hatte zu Hause und außerhalb größere Summen Geldes gestohlen und innerhalb mehrerer Tage für sich verbraucht. Mittlerweile liefen mehrere Strafverfahren gegen Lukas wegen gefährlicher Körperverletzung. Er weigerte sich standhaft, irgendetwas bezüglich seiner Zukunft zu unternehmen, wolle damit nur in Ruhe gelassen werden.

Im Gespräch mit Lukas ließ sich herausarbeiten, dass er hochgradig verunsichert darüber war, ob er, überhaupt gewollt sei, mit seiner Aggressivität und seinen destruktiven Impulsen, die schon früh in seiner Persönlichkeitsentwicklung auftraten. Diese fundamentale Verunsicherung und schwere Selbstwertproblematik bekämpfte er über eine sich immer weiter verschlimmernde aggressiv-oppositionelle Haltung, was dazu führte, dass er überall als unerträglich angesehen wurde. Dadurch wurden wiederum seine Verlustängste, seine Verunsicherung und seine extreme Aggressivität weiter angeheizt. Als ich ihm gegenüber seine Adoption, die damit verbundene Fantasie, nirgends gewollt zu sein, ansprach, war er sehr betroffen, äußerte aber sofort, dass er mit niemandem darüber rede. Er brachte im weiteren Gespräch mit mir jedoch heftigste Vorwürfe gegen seine Eltern vor, dass sie ihm Unterlagen mit dem Namen und der früheren Adresse seiner Mutter vorenthielten. Die heftige Aggressivität, die an dieser Stelle aufbrach, machte rasch einer depressiven Stimmungslage Platz. Er berichtete, dass die Mutter ihm vor einiger Zeit

in der Wut an den Kopf geworfen habe, dass die Mutter, die ihn ge-
boren habe, ihn auch hätte aufziehen sollen. Dies habe ihn sehr ver-
letzt.

Lukas versuchte also, seine Verlustängste, seine Verunsicherung
und seine Fantasien, nichts wert zu sein, damit zu bekämpfen, dass
er sich überall unmöglich benahm und so im Grunde, ohne es zu wol-
len, das erreichte, was er befürchtete. Zunehmend wurde die Gewalt
zu etwas, was ihn in seinem Selbstwertgefühl stabilisierte, ihm zu
einer Art zweiter Haut und Panzerung wurde, durch die kaum mehr
jemand zu ihm durchdringen konnte. Jede weitere Verunsicherung,
aber auch jeden Versuch, in Kontakt mit ihm zu treten, wehrte er
durch verstärkte Aggressivität und Destruktivität ab, die ihm einzig
Schutz vor neuerlichen Verletzungen zu bieten schien.

Was also können wir tun, um die Gefahr zu verringern, dass
aus Verlusterlebnissen Gewalt entsteht? Zunächst einmal:
Verlust, Trennung und Entbehrungen sind nicht zu vermeiden. Sie gehören zum Leben und sind meist zu bewältigen,
sofern sie ein erträgliches Maß nicht überschreiten. Es geht
auch nicht so sehr um einmalige oder punktuelle Verluste
oder Trennungserfahrungen, sondern mehr um dauerhafte,
wiederholte Erlebnisse von Deprivation, Vernachlässigung
und schwerer Missachtung der normalen Bedürfnisse eines
Kindes, wie dies etwa bei Jonas der Fall war. Derartige Erfahrungen führen allerdings nicht zwangsläufig zu einer Gewaltfixierung. Ebenso gut kann es zu einer melancholischen
Verarbeitung kommen, bei der die normale Trauer nicht
überwunden wird, sondern sich zur Depression oder gar zu
einem Wüten gegen sich selbst verfestigt. Der englische Psychoanalytiker und Entwicklungsforscher John Bowlby hat
sich in den 40er-Jahren des letzten Jahrhunderts mit der
Bedeutung der Bindung für die menschliche Entwicklung
befasst. Aus diesen Anfängen entstand die sogenannte Bin-

dungsforschung, die heutzutage große Bedeutung in der Entwicklungspsychologie erlangt hat. Bowlby untersuchte Säuglinge, die von ihren Eltern durch den Krieg getrennt worden waren und in Kinderheimen aufgenommen wurden. Sie wurden dort angemessen mit Nahrung, Kleidung etc. versorgt. Dennoch stellte er schwerste Entwicklungsstörungen fest, die bis zum Tode der Kinder führen konnten, und fand heraus, dass diese durch eine fehlende emotionale Zuwendung entstanden. Er prägte für diese schweren psychischen Fehlentwicklungen den Begriff des »frühkindlichen Hospitalismus«. Der oben geschilderte Jonas ist ein Kind, das an einer solchen schweren Beeinträchtigung seiner psychischen Entwicklung leidet. Schon Bowlby stellte fest, dass die Symptome dieses frühkindlichen Hospitalismus, wenn die Mangelversorgung nicht zu lange anhielt, wieder verschwinden konnten, wenn das Kind wieder ausreichend emotionale Zuwendung erfahren hatte. Heute wissen wir auch durch andere Untersuchungen, dass ein Schutzfaktor dann besteht, wenn Kinder die Möglichkeit haben, in ihrer Not verstanden und aufgefangen zu werden.

Hans Keilson, ein deutschstämmiger niederländischer Psychoanalytiker, der von den Nationalsozialisten zur Emigration gezwungen wurde, untersuchte jüdische Kinder nach dem 2. Weltkrieg, die der nationalsozialistischen Verfolgung ausgesetzt waren. Er stellte fest, dass die Traumatisierung dieser Kinder durch den Verlust der Eltern und die Verfolgung noch dadurch verschärft wurde, dass alle nach dem Ende des Naziterrors froh waren, dem Albtraum entronnen zu sein. Den Kindern war es daher nicht möglich, mit ihren jetzigen Bezugspersonen, Pflegefamilien, überlebenden Verwandten oder anderen über den Verlust, ihre Angst, Wut und Trauer zu sprechen. Dies führte über die direkte Gewalttraumatisierung hinaus zu einer weiteren Schädigung der Entwicklung dieser Kinder (2005). Die amerikanische Entwicklungspsychologin Emmy Werner untersuchte die Entwicklung eines Geburtsjahrganges (des gesamten Jahrganges 1955) auf Kauai, einer zu Hawaii gehörenden Insel, über 40 Jahre hinweg und fragte umgekehrt, welche Faktoren einen Menschen trotz widriger Lebensumstände mit zahlreichen Verlusterlebnissen davor schützen können, eine schlechte Entwicklung zu nehmen. Sie fand heraus, dass einer der wichtigsten Schutzfaktoren gegen ein schlechtes häusliches Milieu mit Deprivation und Gewalt darin bestand, dass die Betreffenden als Kinder über lange Zeiträume hinweg eine Vertrauensperson außerhalb der Familie, zum Beispiel einen Nachbarn oder eine Lehrerin, zur Verfügung hatten (Werner & Smith 2001).

Die Konsequenz aus all dem ist also recht einfach: Es geht als Erstes darum, Gewalt und Deprivation während der kindlichen Entwicklung zu vermeiden. Dies wird jedoch leider nicht immer möglich sein. Daher ist es in zweiter Linie wichtig, Kindern, die solchem Erleben ausgesetzt waren, psychische Räume zu eröffnen, in denen sie Stabilität erfahren und Vertrauen entwickeln können. Das Erlebte könnte hier direkt beim Darüber-Sprechen und indirekt in Form eines Bewusstseins der Bedeutung des Erlebten für vieles, was das Kind tut, zum Thema werden.

Diese Erkenntnisse haben Folgen für viele Bereiche des gesellschaftlichen Lebens. Es darf beispielsweise nicht sein, dass Säuglinge und Kleinstkinder in Tagesgruppen betreut werden, in denen ihr lebensnotwendiges Bedürfnis nach Beziehungs-Stabilität und ausreichender emotionaler Zuwendung nicht berücksichtigt wird. Die derzeitigen politischen Vorstellungen, von ökonomischen Argumenten diktiert und nur notdürftig pädagogisch verbrämt, sind in dieser Hinsicht inakzeptabel und werden langfristig – dies ist so hart zu formulieren – zu mehr Gewalt beitragen. Erforderlich wäre aus entwicklungspsychologischer Sicht, dass Gruppen mit nicht mehr als sechs Säuglingen zwei Erzieherinnen bzw. Erzieher zur Verfügung stehen.

Ähnliche Konzepte, die stabile soziale Bindungen ermöglichen, müssten für deprivierte Familien und Jugendliche entwickelt werden. Dies erscheint umso dringlicher, als traditionelle Bindungen in der Gesellschaft (Nachbarschaft, Vereine, Kirchen etc.) immer mehr an Bedeutung verlieren. Gleiches gilt für Migrantenfamilien, deren soziale Integration neben dem Spracherwerb vor allem über stabile Beziehungen im sozialen Nahraum vorangebracht werden kann. Jugendliche aus Migrationsfamilien sind durch die vielfältigen kulturellen, sozialen und realen Verlusterlebnisse, denen sie und ihre Eltern ausgesetzt waren und sind, besonders in ihrer Entwicklung gefährdet. Daher ist es auch nicht verwunderlich, dass manche von ihnen in die Gewalt als missglückendem Bewältigungsmechanismus flüchten. Nicht zuletzt hätte eine solche Sicht erhebliche Konsequenzen für die Ausstattung und Organisation von Jugendstrafanstalten, wenn sie denn ihrem Auftrag, der Verhinderung weiterer Gewalt und der Resozialisierung gewalttätiger Jugendlicher und Heranwachsender, gerecht werden sollen. Auch da wäre es dringend erforderlich, den nahezu durchweg stark belasteten Jugendlichen Beziehungsangebote zur Verfügung zu stellen, die ihnen lohnenswerte Perspektiven eröffnen.

Zugegeben: All dies kostet Geld, sogar sehr viel Geld. Aber Gewalt kostet auch sehr viel Geld und erzeugt darüber hinaus bei den Opfern großes Leid und in der Gesellschaft erhebliche Angst. Möglicherweise wäre das Geld besser einzusetzen, wenn diese psychologischen Erkenntnisse zur Gewaltentstehung stärker berücksichtigt würden.

5   Drei Gesichter der Gewalt

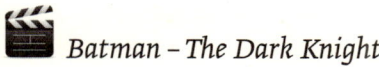 *Batman – The Dark Knight*

Gewalt ist nicht gleich Gewalt. Das kann man zumindest dann sagen, wenn man selbst nicht unmittelbar von der Gewalt betroffen ist. Ist man es jedoch, kann es einem wahrscheinlich relativ egal sein, ob man von einem Räuber, einem »Psychopathen« oder einem Sadisten erschossen wird. Aus der Distanz jedoch macht es einen Unterschied, welche Motive ich einer Gewalttat unterlege. Je unverständlicher diese sind, desto mehr Angst löst die Gewalt aus. Dies gilt sogar für den Gewalttäter selbst. Ich habe es mehrfach erlebt, dass ein Jugendlicher bei der Polizei fälschlich einen Raub als Motiv des von ihm begangenen Mordes einräumte, weil ihm das eigentliche Motiv im Grunde unverständlich und unheimlich war. In diesem Kapitel werde ich mich mit drei Kategorien der Gewaltmotivation beschäftigen, die ich entlang der psychischen Struktur der Täterfiguren entwickeln werde. Paradoxerweise erscheint uns die verständliche und nachvollziehbare Gewalt und ihr Urheber tendenziell langweilig, während die Gewalt jenseits einer nachvollziehbaren Motivation uns viel stärker beschäftigt; ja sogar ängstigt, aber auch fasziniert.

Wir haben im vorigen Kapitel die drei Hauptfiguren in »Dark Knight« – Batman alias Bruce Wayne, Harvey Dent alias »Two Faces« und den Joker – als unterschiedliche Verarbeitungsweisen oder besser Darstellungen ein und desselben Problems, nämlich der Fixierung auf Gewalt im Zuge des traumatischen Verlustes eines guten Objekts kennengelernt. Auch wenn derartige Kunstfiguren nicht ohne Weiteres als reale Menschen angesehen werden können, müssen sie dennoch, wenn sie glaubwürdig erscheinen sollen, eine gewisse psychologische Stimmigkeit aufweisen, wenngleich diese grotesk überzeichnet wird. Batman brachte der Verlust der Eltern durch ein Verbrechen, das er als Kind miterleben musste, dazu, Verbrecher unerbittlich zu verfolgen. Harvey Dent, der strahlende Held Gothams, entwickelte sich zum unberechenbaren und gewalttätigen »Two Faces«, nachdem seine Freundin durch Joker umgebracht worden war und er anstelle ihrer die Falle Jokers überlebt hatte. Er gab der Polizei, die sie hätte beschützen müssen, die Schuld an ihrem Tod. Joker erzählte in zwei Versionen traumatische Erlebnisse, die psychologisch als kumulatives Trauma verstanden werden können: Als Kind musste er miterleben, wie sein Vater seine Mutter misshandelte und ihm dann mit einem Messer das Grinsen ins Gesicht schnitt. In der zweiten Version, die er erzählt, schneidet er sich selbst das Grinsen in den Mund, um seiner Frau, die von Gangstern misshandelt wurde, ähnlich zu werden. Daraufhin verließ sie ihn jedoch.

Das Resultat der daraus folgenden Persönlichkeitsentwicklung, wie sie schematisch in den drei Charakteren erkennbar wird, ist sehr unterschiedlich. Psychiatrisch betrachtet stellen diese drei Kunstfiguren Prototypen unterschiedlicher psychischer Erkrankungen dar. Dabei könnte man, wenn man sie als reale Menschen mit einem psychischen Innenleben und einer Entwicklungsgeschichte betrachten würde, ihre jeweilige Gewaltfixierung, die allerdings auf verschiedenen Organisationsebenen ausgebildet ist, als Bewältigungsversuche unerträglicher Gefühle von Einsamkeit, Verlassenheit, Hilflosigkeit, Bedrohung, eigener Schuld, Wut, Rachebedürfnissen usw. verstehen. Ihre individuelle Pathologie trägt deutlich starre Züge und macht sich dadurch als festgefügte Abwehrorganisation kenntlich. Psychologisch betrachtet dient sie auf dem jeweiligen psychischen Organisationsniveau dazu, derartige unerträgliche und anderweitig nicht zu verarbeitende Gefühle notdürftig abzuwehren. Dies gelingt allerdings immer nur teilweise. Die Abwehrmechanismen, die zum Einsatz kommen, werden im Film über die vereinfachte Darstellung der Charaktere besonders deutlich. Im wirklichen Leben, in dem wir es mit realen Menschen mit einer komplexen Psyche und einer entsprechend weit gefächerten Entwicklungsgeschichte zu tun haben, ist die Entschlüsselung schwieriger.

Bei Bruce Wayne alias »Batman« kommt es zu einer narzisstischen Selbstüberhöhung, zu einer Fixierung auf die unerbittliche und im Kern gewalttätige Verfolgung der Verbrecher und zu einem »falschen Selbst«. Dies ist ein Begriff, mit dem der englische Kinderarzt und Psychoanalytiker Donald Winnicott einen Zustand bezeichnete, bei dem sich anstelle der Entwicklung einer lebendigen Persönlichkeit eine fassadenhafte Organisation breitmacht, die den betreffenden Menschen wie eine Art Panzer umgibt und ihn von seinem wahren Erleben abschneidet.

Psychologisch betrachtet wird Bruce Wayne vor allem als in jeder Hinsicht grandios dargestellt. Er ist der äußerst erfolgreiche Geschäftsmann, der über unbegrenzte Mittel zu verfügen scheint. Zugleich träumt er sich wie ein großer Junge in die Rolle eines Helden, der dank seiner überlegenen Fähigkeiten und seiner faszinierenden technischen Ausrüstung – man denke nur an seinen Anzug, das Batmobil, seine elektronische Überwachungszentrale usw. – großartige Heldentaten vollbringt. Diese narzisstische Selbstüberhöhung geht damit einher, dass er in eine Maske schlüpfen muss, die ihn einerseits vor Angriffen und Verwundungen schützen soll, die andererseits aber auch seine wahre Identität unkenntlich macht. Er wirkt als Batman fast wie eine hohle Hülle, ein Eindruck, der durch seine monotone und heisere Sprechweise noch verstärkt wird. Letzten Endes zieht er diese Scheinexistenz in einer Welt der Heldenfantasien einer realen Beziehung zu seiner Freundin vor. Sie sieht sich daher schließlich veranlasst, sich seinem Mitkämpfer und späteren Gegenspieler Harvey Dent zuzuwenden.

Vor diesem Hintergrund erscheint seine Gewaltfixierung in gewisser Weise als das Lebendigste an ihm. In einer bezeichnenden Szene ist er mit dem Joker zusammen in einer Gefängniszelle und verhört ihn. Dieser gibt zu erkennen, dass er Rachel und Harvey Dent gefangen hat, und lässt Batman genüsslich zappeln. In dieser Szene gerät Batman so in Wut, dass er Joker gegenüber ganz offensichtlich gewalttätig wird und sich fast vergisst, was dieser ihm mit Genuss vorhält. Die Gewaltfixierung erscheint also – psychologisch sehr stimmig – mehr oder weniger der einzige Punkt, an dem sich bei Batman, der sonst in einer Art narzisstischer Abstumpfungsstarre lebt, lebendige Gefühle entfalten dürfen. Dies verweist auf den Teufelskreis, in dem er sich als Figur verfangen hat: Das hilflose Mit-ansehen-Müssen, wie die Eltern ermordet werden, und die daraus resultierende ohnmächtige Wut fallen der Abwehr anheim. Diese Gefühle werden unterdrückt und machen einer narzisstischen Fassade Platz, aus der es kein Entrinnen mehr zu geben scheint. Einzig die Gewaltfixierung Batmans lässt einen Spalt des Zugangs zu diesen Gefühlen offen. Zugleich aber wäre dieser Spalt eine gefährliche Einfallspforte, sowohl für die Ausbreitung von Hass und Destruktivität als auch für das Erleben unerträglicher Gefühle von Hilflosigkeit, sodass er rasch wieder mit Hilfe des geordneten Lebens narzisstischer Größenfantasien verschlossen werden muss. Unter dieser Perspektive hat sogar der pathetische Schluss des Filmes, in dem Batman sich fälschlicherweise zu den Verbrechen Harvey Dents bekennt, eine psychologische Stimmigkeit. Er ist ein potentieller Mörder und kann dies nur durch eine systematische Unterdrückung seiner Gefühle, die er nicht verarbeiten und integrieren kann, verhindern. Dennoch ist das Organisationsniveau, das in der Figur des Batman gezeigt wird, im Vergleich zu den beiden anderen das bestintegrierte. Nicht selten finden wir unter potentiellen Gewalttätern und wirklichen Gewalttätern ein derartiges narzisstisches Organisationsniveau.

Fallgeschichte Herr M., 50 Jahre:

Herr M. war ein gut 50-jähriger, angesehener Rechtsanwalt und Geschäftsmann, der es zeitweise in der Politik bis in recht hohe Ämter gebracht hatte. Er vertrat nach außen hin mit großer Überzeugung Recht und Ordnung und setzte sich für eine schärfere Gangart gegen Straftäter und härtere Sanktionen gegen kriminelle Jugendliche ein. In seinem Berufsleben war er ein sehr erfolgreicher, aber auch außerordentlich skrupelloser Geschäftsmann, der es nicht nur verstanden hatte, seine Partner mit allerlei Tricks aus dem Geschäft zu drängen – wobei er selbst dies als absolut berechtigt ansah und seine früheren Geschäftspartner als Versager bezeichnete –, sondern auch keine Bedenken hatte, Mitarbeiter ungeachtet deren Verdienste um die Firma und sozialer Situation einfach auf die Straße zu setzen, wenn sie ihm missfielen.

Zu Hause zeigte sein Verhalten despotische Züge. Er war extrem kränkbar und aufbrausend und tyrannisierte seine Frau und seine beiden Kinder. Er liebte es besonders, sie zu demütigen, wenn sie Fehler begingen oder Unsicherheit und Schwäche zeigten. Zu seiner Entwicklungsgeschichte war unter anderem zu erfahren, dass seine Mutter die Familie, als er etwa zwei Jahre alt war, verlassen hatte. Er blieb bei seinem Vater und wurde von diesem bei kleinsten Ver-

fehlungen geschlagen, vor allem aber gedemütigt, wenn er selbst weiche Seiten zeigte. Er war während seiner Kindheit und Jugend viel von der Großmutter väterlicherseits versorgt worden, die als sehr weiche und zugewandte Frau beschrieben wurde. Sie hatte sich allerdings bedingungslos ihrem Mann unterworfen und vertrat niemals eine eigene Meinung. Er sagte über seine spätere Frau, dass sie Züge seiner Großmutter trage und sich ebenfalls stets unterordne, was ihn vordergründig ärgerte und reizte. Andererseits bestätigte dies jedoch seine Überlegenheit, daher stellte er ihr gegenüber immer wieder Gewaltsituationen her. Er identifizierte sich stark mit dem als durchsetzungsfähig erlebten Vater, übernahm dessen Kanzlei und berichtete über ein geheimes Triumphgefühl, als er alleiniger Chef wurde, nachdem der Vater in den Ruhestand getreten war.

Bei Harvey Dent alias »Two Faces« ist das Ergebnis eine tiefgreifende Spaltung der Persönlichkeit, die einer Spaltung zwischen guten und bösen Selbst- und Objektanteilen entspringt und ihn immer weiter in die Hölle einer willkürlichen und völlig unberechenbaren Gewaltausübung führt.

Diese Spaltung ist bis zu einem gewissen Grad schon von Anfang an in der Figur angelegt. Zunächst wird der Staatsanwalt Harvey Dent als Lichtgestalt eingeführt, auf die auch nicht der geringste Schatten eines Zweifels fällt. Erst mit dem tragischen, gewaltsamen Tod Rachels entwickelt sich diese Spaltung bis zu ihrer vollen Blüte. Sie wird in »The Dark Knight« mit starken Bildern, wie der Januskopfmünze, die Dent wirft, um über Leben und Tod des vermeintlich schuldig gewordenen Gegenübers zu entscheiden, inszeniert. Eindrücklich ist auch die maskenbildnerisch gelungene Teilung seines Gesichts in eine schöne, makellose rechte und in eine durch die Verbrennungen zerstörte linke Seite, aus der er uns mit einem aus der Höhle herauszutreten scheinenden Auge anstarrt.

Derartige Spaltungsprozesse entstammen einem primitiveren, weniger gut integrierten Niveau der Persönlichkeitsentwicklung und -organisation. Sie wurden von psychoanalytischer Seite vor allem von Melanie Klein und dem amerikanischen Psychoanalytiker Otto Kernberg 1978 in ihren Mechanismen eingehend beschrieben und werden heute in der Psychiatrie als »emotional instabile Persönlichkeitsstörungen vom Borderline-Typ« oder kurz als »Borderline-Störungen« bezeichnet. Selbstverständlich ist die menschliche Persönlichkeit im wirklichen Leben komplexer, als dies in der vereinfachten Welt des Films holzschnittartig, aber deshalb manchmal umso eindrucksvoller, in Szene gesetzt wird. Dennoch ist auch in der Realität das Problem von Patienten, die an einer derartigen Borderline-Störung leiden, das einer Spaltung zwischen guten und bösen Anteilen bei sich selbst und bei anderen. Ihre Wahrnehmung ist also beherrscht von Schwarz-Weiß-Gegensätzen, sobald gefühlshafte und Beziehungssphären ins Spiel kommen. Ganz schnell kommt es zu einem Kippen zwischen einer idealisierten Beziehung, in der jemand nur mit guten Eigenschaften ausgestattet, als positiv, zugewandt und strahlend erlebt wird, und einer heftigen Entwertungsreaktion in dem Moment, in dem irgendeine Form der Kritik geäußert wird oder auch nur die Fantasie entsteht, dass derjenige sich nicht genügend um einen kümmere. Ähnlich erleben die Betreffenden auch sich selbst als entweder nur gut oder nur schlecht, was von einem Augenblick zum anderen wechseln kann. So kommt es zu einem Schwanken zwischen Hochgefühlen und Selbstentwertung, sodass diese Menschen keine sichere Vorstellung von sich selbst entwickeln können, sondern Orientierungslosigkeit und eine Identitätsdiffusion erleben.

Dieses Moment der Unberechenbarkeit ist im Wurf der janusähnlichen Münze im Film sehr schön verdichtet dargestellt. Die innerseelische Problematik führt in der Außenwelt zu einer Instabilität in den zwischenmenschlichen Beziehungen. Dies erschwert eine soziale Integration sehr und führt schließlich, häufig wegen der fehlenden Beziehungskonstanz, der beeinträchtigten Arbeitsfähigkeit und der schlecht kontrollierten Impulsivität, zu einem beruflichen Scheitern. Hinzu kommen exzessive projektive Mechanismen, mit Hilfe derer die Betreffenden Verfolgungs- und Verlassenheitsängste loswerden und unerträgliche Gefühle bei anderen lokalisieren. Diese projektiven Fähigkeiten werden aus der inneren Not heraus so stark entwickelt, dass diese Menschen außerordentliche manipulative Fähigkeiten besitzen. Hinzukommen können sadomasochistische Entwicklungen, Drogen- und Alkoholmissbrauch und Abhängigkeitserkrankungen.

In der Regel besteht auch eine nicht unerhebliche Gewaltproblematik, die häufig auf der Grundlage eigenen Gewalterlebens in der Kindheit entstanden ist und sich je nach Entwicklungsverlauf und Situation in gewaltsamen Handlungen gegen sich selbst oder gegen andere Bahn bricht. Dabei ist ein deutlicher Geschlechtsunterschied festzustellen: Mädchen und Frauen richten die nicht integrierbare Wut und Destruktivität vorzugsweise gegen sich selbst, indem sie sich selbst verletzen oder sich in sadomasochistische Beziehungen begeben, in denen sie wiederum Gewalt von anderen erfahren. Jungen und Männer dagegen richten traditionellen Rollenvorstellungen entsprechend die Gewalt eher nach außen und geraten so bei entsprechend geringer Fähigkeit, ihre Impulsivität zu kontrollieren, und gegebenenfalls unter einer gewissen alkoholischen Enthemmung in körperliche Auseinandersetzungen und Gewalttaten, die oft aus nichtigem Anlass entstehen und schlimmstenfalls tödlich enden.

Die Gewalt dient bei derartigen Persönlichkeitsstrukturen einerseits einer Abfuhr aggressiver Spannungszustände, die innerlich nicht verarbeitet werden können, andererseits stellen sie noch häufiger auch einen nicht bewusst gesteuerten Versuch dar, als unerträglich empfundene eigene schlechte Anteile beim anderen zu bekämpfen und zu zerstören. Wird die Aggression jedoch gegen sich selbst gerichtet, wie dies vorzugsweise bei Mädchen der Fall ist, fallen dieser Kampf und die daraus folgende Zerstörung der schlechten Anteile auf den eigenen Körper zurück, der dann in gewisser Weise wie ein äußerer Feind behandelt wird. Bekämpft und zerstört werden in den heftigen gefühlshaften, nach außen gerichteten Gewaltreaktionen einerseits eigene Gefühle von Minderwertigkeit, Schwäche und Hilflosigkeit, die auf den anderen projiziert wurden, wie dies beispielsweise bei Attacken auf Ausländer, Behinderte oder Wehrlose der Fall sein kann. Andererseits werden auch vermeintlich aggressive und böse Seiten des anderen bekämpft, die man auf diese Weise von sich selbst fernzuhalten versucht. Dies ist beispielsweise ein Motiv, wenn Skinheads losziehen, um »Zecken zu klatschen«.

Es ist mir allerdings wichtig, darauf hinzuweisen, dass derartige pathologische Spaltungsprozesse nicht nur auf dem Boden einer individuellen Psychopathologie bzw. psychischen Erkrankung entstehen können, sondern durchaus auch im Zusammenhang mit negativ verlaufenden Gruppenprozessen bei ansonsten relativ gesunden Individuen eine Rolle spielen. Besonders eindrücklich und bedrückend wird dies klar, wenn man bedenkt, dass die Mörder in den Konzentrationslagern durchgängig derartige Spaltungsprozesse und das Wechselspiel von Idealisierung und Entwertung perfektioniert hatten, sich aber im Nachhinein – bis auf wenige Ausnahmen – als nicht psychisch krank, sondern schlicht einer verbrecherischen Ideologie huldigend erwiesen. Dazu mehr in Kapitel 9. In Kapitel 7 werden wir noch eine weitere Organisationsform der Gewaltfixierung, die Ausrichtung auf sadistische Gewalt, kennenlernen.

Fallgeschichte Pascal, 19 Jahre:

Der 19-jährige Pascal erstach in stark alkoholisiertem Zustand eine 61-jährige, obdachlose Alkoholikerin, die er entfernt kannte. Er hatte sich am Tatabend mit Freunden betrunken und einen Film angeschaut, der ihn etwas angestachelt hatte. Auf dem Nachhauseweg war er an einem Abbruchhaus vorbeigekommen, in dem Bekannte von ihm wohnten. Dort hatte er einen Freund zur Rede stellen wollen, der laut seiner Aussage »Scheiße« über ihn erzählt und das Gerücht verbreitet habe, er würde »Weiber schlagen«. Er schlug diesen Freund in der Auseinandersetzung mit einer Axt blutig, wollte ihn danach aber veranlassen, ins Krankenhaus zu gehen, um sich dort behandeln zu lassen, was dieser ablehnte. Im Weiteren mischte sich offenbar die ebenfalls anwesende Alkoholikerin ein. Er fühlte sich von ihren Äußerungen provoziert, demütigte sie und erstach sie schließlich, als sie ihn als »verficktes Dreckschwein« und »Penner« bezeichnete. Er gab an, dass er die tote Frau eklig und asozial gefunden habe: »Ich wollte die nicht anfassen, weil die eklig war, eine Zigeunerin, so was fasse ich nicht an. Alle ekeln sich vor der, sogar die Polizei.«

Zur Vorgeschichte soll nur so viel erwähnt werden, dass der Junge als kleines Kind im Alter von zwei Jahren adoptiert worden war. Die leibliche Mutter hatte getrunken und das Kind schwer vernachlässigt, sodass es mit etwa einem halben Jahr in ein Kinderheim kam. Auch im Heim hat Pascal vermutlich eine sehr schlechte Zeit gehabt. Im Weiteren zeigten sich einige Probleme, insbesondere bereits früh Symptome von Unkonzentriertheit, Unruhe, oppositionellem Verhalten und Ähnlichem. Die Probleme spitzten sich mit Eintritt der Pubertät zu, sodass sich zuletzt seit einigen Jahren auch ein Alko-

holmissbrauch mit beginnender Alkoholabhängigkeit und schließlich zunehmende Aggressivität entwickelte. Die Adoptivmutter berichtete, dass sie ihn früher schulisch sehr gefördert habe. Pascal war jedoch schon in der Vergangenheit mehrfach wegen Aggressionsdelikten unter Alkohol auffällig geworden, hatte u. a. auch verschiedentlich seine Adoptiveltern bedroht und verprügelt.

In seinen Äußerungen fiel vordergründig eine gewisse Rohheit auf, so meinte er, dass »die Alte« aufgrund ihres Alkoholismus sowieso nicht mehr lange gelebt hätte. Während der Begutachtung gab er an, dass Saufen zum Skinheaddasein dazu gehöre, das sei seit Generationen so. Punks und Ausländer seien der Abschaum der Nation, Asylanten seien kriminelles Gesindel und gehörten abgeschoben. Er sei Neonazi, er sei aber nicht so schlimm, dass er jeden Asylanten oder »Bimbo« abknallen wolle. Punks seien ekelhaft, da hole man sich die Krätze.

Schließlich ließ sich herausarbeiten, dass er im Grunde realisierte, dass er kurz davor stand, ähnlich wie die von ihm erstochene Frau im Obdachlosen- und Trinkermilieu zu landen. Die Parallelität zwischen alkoholabhängiger Mutter und dem Opfer seiner Tat sticht ins Auge. Das gute Objekt kann innerlich nicht bewahrt werden. Im Gegenteil, er wird beschuldigt, Mädchen zu schlagen, und möchte dieses Gerücht mit erneuter Aggressivität und Destruktivität aus der Welt schaffen. Das gute Objekt erscheint daher zerstört, und Schuldgefühle drohen ihn zu überwältigen. Bereits lange zuvor war es zu einer Reinszenierung dieser Konstellation in der Adoptivfamilie gekommen, indem die Mutter ihn mit den besten Absichten durch ihre übermäßige Förderung drangsalierte und er diese mit tätlichen Angriffen attackierte. Der bedrückende Tiefpunkt dieser Entwicklung war die Tötung der älteren Frau. Sein Ekel vor der Frau könnte so verstanden werden, dass nun alle bösartigen und negativen Eigenschaften auf diese projiziert waren und sich dieses tote Objekt daher als bedrohlich, abstoßend und eklig erwies. Die Tat hing also einerseits mit seiner explosiven Reizbarkeit zusammen. Anderer-

seits war sie auch als Abwehr gegen eine Perspektive als Penner mit der entsprechenden Selbstentwertung zu verstehen. Er tötete gewissermaßen in der Frau abgelehnte Anteile seiner selbst. Die rechtsradikale Ideologie und der Alkohol trugen dazu bei, Hemmungen abzubauen.

Ein drittes Gesicht der Gewalt ist im Joker verkörpert. Er stellt die die primitivste Form einer Destruktivität um ihrer selbst willen dar, die allenfalls noch durch die nicht minder gefährliche Sucht nach Selbstdarstellung und maximaler Erschütterung einer entsetzten Öffentlichkeit eine gewisse Begrenzung erfährt.

Wie bereits angedeutet, ist mit der Figur des Joker eine psychische Organisation in Szene gesetzt, die jegliche Form von Bindung und Beziehung, damit auch Verpflichtungen zu moralischen Werten und die Frage nach Schuld negiert. Joker sagt: »Es gibt Menschen, die an logischen Dingen nicht interessiert sind, z. B. Geld. Man kann sie nicht kaufen, einschüchtern, sie zur Vernunft bringen oder mit ihnen verhandeln. Einige Menschen wollen die Welt einfach nur brennen sehen.« Und weiter: »Nimm nur einen kleinen Schuss Anarchie, bringe die althergebrachte Ordnung aus dem Gleichgewicht und was passiert? Chaos. Ich bin das Chaos. Und weißt Du, was Chaos eigentlich ist? Es ist fair.«

Diese Zersplitterung jedes logischen Kontextes, die einer psychotischen Organisationsweise entspricht und damit noch weniger organisiert ist als eine Struktur auf Borderline-Niveau, ist erschreckend, weil sie Zusammenhänge zwischen Ursache und Wirkung außer Kraft setzt. Nicht eine wie auch immer berechtigte oder unberechtigte Wut, nicht ein Streben nach Macht, nach Besitz und Reichtum, nach Anerkennung, nicht Enttäuschung oder der Wunsch nach Beherrschung bestimmen das Handeln, sondern schlicht die

Außerkraftsetzung aller Bezüge, die Freude am Chaos und an der Gewalt um ihrer selbst willen. Es lässt einen erschauern, wie der Joker sich mit großer Geste über jedwede Art von gültigen Gesetzen hinwegsetzt, ohne auch nur im Geringsten darum bemüht zu sein, die Gewalt zu legitimieren.

Derartige Formen der Gewalt und des Terrors kommen im Rahmen individueller Pathologien kaum vor, sind aber Bestandteil unserer grundlegenden Angst vor nicht verstehbaren Willkürakten, denen wir hilflos ausgeliefert sind. Philipp Reemtsma analysierte in seinem Buch »Vertrauen und Gewalt« (2008) brillant, wie der nationalsozialistische Terror, der stalinistische Terror und im Grunde jedes Terrorregime auf dieser Grundlage aufgebaut wird. Die Ermordung von Millionen Menschen in den Konzentrationslagern folgte trotz ihrer hochgradigen industriellen Organisation keiner nachvollziehbaren Logik, außer der, dass willkürlich Gruppen von Menschen ermordet werden sollten. Noch sind die von Stalin ausgegebenen willkürlichen Quoten, wie viele Menschen in jeder Region zu deportieren, als Saboteure zu verurteilen und zu ermorden seien, einer irgendwie nachvollziehbaren Rationalität oder Staatsräson geschuldet. Das Einzige, was kommuniziert werde, ist die Gewalt um der Gewalt willen, ihre autotelische Seite, wie Reemtsma dies nannte. Die einzige, noch dingfest zu machende Rationalität des Terrors ist es, dass der willkürliche staatstragende Terror die Macht der Herrschenden erhielt und festigte und dies auch bei heutigen Terrorregimes bezweckt.

Wenn wir uns klarmachen, dass wir grundsätzlich alle anfällig sind für derartige Entdifferenzierungen unserer psychischen Regulationsmechanismen und auch anfällig sind für die Faszination, die von Gewalt ausgeht, dann können wir verstehen, warum dieser Film, selbstverständlich angeheizt durch eine minutiös geplante aufwendige Werbekampagne und Platzierung in den Medien, nicht alleine wegen der Actionszenen und des technischen Aufwandes faszinierte, irritierte und zugleich Erschrecken hervorrief.

Was ist aus diesen Überlegungen abzuleiten? Zum einen zur Person des Täters: Es gibt sehr unterschiedliche Formen der Gewaltfixierung, die verstanden werden müssen, wenn man wirksam dagegen angehen möchte. Je »primitiver« das Organisationsniveau, desto unverständlicher und potentiell ängstigender wird die ausgeübte Gewalt. Parallel dazu wird das normale psychische Funktionieren immer brüchiger, auch wenn nicht einfach aus der Art der Gewaltmechanismen auf eine individuelle psychische Erkrankung rückgeschlossen werden kann. Es bedarf aber zweifellos unterschiedlicher Herangehensweisen, wenn ich einen narzisstisch motivierten, einen mit Spaltungsprozessen operierenden oder einen sadistisch fixierten Gewalttäter zu einer Veränderung seiner Gewaltneigung bringen möchte.

Zum anderen auf das Publikum bezogen: Wir sind alle anfällig dafür, in besonderen Situationen, insbesondere in psychischen Belastungssituationen oder im Rahmen von Gruppenprozessen, auf diese primitiven psychischen Funktionsweisen zurückzugreifen. Daher verstehen und genießen viele von uns derartige Darstellungen von Gewalt, allerdings mit einem gewissen Schaudern, das eine Distanzierung ermöglicht. Die Medien arbeiten zu unserer Unterhaltung und zur Steigerung ihrer Zuschauerzahlen bzw. ihrer Auflagen häufig mit dem Gefühl ängstlichen Schauderns und stellen daher gerne reale Gewalttaten als nicht zu verstehen und in ihrem Motivationszusammenhang nicht nachvollziehbar dar. Nur selten, so die Erfahrung aus meiner Tätigkeit als Gutachter bei Gericht, wird über Gewalttaten in den Medien wirklich zutreffend berichtet.

Zum dritten auf die gesellschaftliche Ebene bezogen: Nackte Gewalt jenseits einer nachvollziehbaren Logik ist so erschreckend, dass sie geeignet ist, die Herrschaft derer, die sie ausüben, zu stabilisieren. Dies zeigt uns jedes Terrorregime. Das ist ihre Botschaft und in letzter Konsequenz hat sie darin doch ihre Rationalität. Glücklicherweise haben wir in Deutschland diese Zeiten hinter uns gelassen. Wie rasch die Logik des Terrors aber wieder aufbrechen kann, zeigen Beispiele wie Srebrenica, Ruanda, Iran, Irak oder Abu Ghraib ... Es ist falsch und nützt uns auch nichts, derartige Exzesse einer mangelnden zivilisatorischen Entwicklung zuzuschreiben, wie uns unsere eigene Vergangenheit lehrt.

6 Angst, Aggressivität und Sexualität

Warum sie zusammengehören

 *Terminator*

Gewalt und Sexualität – gehören sie nicht irgendwie zusammen? Nicht in einer simplen Weise wie bei einer sexuellen Gewalttat, bei der die sexuellen Bedürfnisse von der Gewalt sozusagen eingenommen und überwuchert werden. Aber doch im Sinne eines Zusammenhanges, der mit der Pubertät beunruhigend ins Leben tritt. Im Zuge der pubertären Entwicklung werden sexuelle und aggressiv-destruktive Impulse reaktiviert und erschüttern in bedrohlicher Weise das psychische Gleichgewicht. Die soziale Einbindung aggressiver Tendenzen und die Herausbildung einer erwachsenen Sexualität sind zeitgleiche Vorgänge. Die damit verknüpfte Orientierung nach außen führt in einem komplizierten Prozess zu einer Ablösung von den idealisierten Elternfiguren der Kindheit.

Das Auftreten sexueller und aggressiver Impulse irritiert und ängstigt die Jugendlichen. Um diese Ängste erfolgreich zu bewältigen, greifen sie zu einer Reihe von psychischen Abwehrmaßnahmen. Die Sexualität und die Aggression müssen aber auch in das Erleben und Handeln der Persönlichkeit integriert werden. Der Jugendliche muss sich diese Bereiche seiner Selbst als Teil seiner Identität zu eigen machen. Sexuelle und aggressive Triebregungen müssen darüber hinaus miteinander verschmolzen werden, damit der

Jugendliche zu stabilen, einigermaßen reifen emotionalen Beziehungen fähig wird. Nur wenn diese aktive Integrationsleistung einigermaßen gelingt – und dies hängt von vielfältigen äußeren und inneren Faktoren ab –, kann es zu einem befriedigenden Kompromiss zwischen Anerkennung der Realität und der Fähigkeit zu ihrer Veränderung kommen, den wir nach Sigmund Freud (1924e) als Kennzeichen einer gesunden Entwicklung betrachten.

In diesem komplexen Entwicklungszusammenhang kommt es regelhaft neben dem Wunsch nach intimen Beziehungen auch zu großen Ängsten vor einer allzu großen Nähe, die unbewusst als die eigenen Handlungsmöglichkeiten einengend, ja sogar als bedrohlich verschlingend, fantasiert wird. Gewaltfantasien, die Beschäftigung mit Waffen, Kampf und Auseinandersetzung beispielsweise in Computerspielen oder Filmen, zuweilen sogar reale Gewalt, werden vor allem von männlichen Jugendlichen als Mittel der Distanzierung von solchen Ängsten eingesetzt.

Diese Funktion gewalttätiger Fantasien und die Art der Behandlung des adoleszenten Trieb- und Ablösungskonfliktes seien anhand zweier Mythen verdeutlicht. Sie könnten zeitlich kaum weiter auseinander liegen, weisen inhaltlich aber sehr viele Parallelen auf. Es ist die Tragödie des Euripides, die »Bakchen«, vom Ende des 5. vorchristlichen Jahrhunderts, und der Action-Film »Der Terminator« von James Cameron mit Arnold Schwarzenegger in der Titelrolle. Beide Mythen verstehe ich als adoleszente Entwicklungsdramen, die sich mit dem Verhältnis von Gewalt und Sexualität und gleichzeitig mit dem Verhältnis von Familie und Gesellschaft beschäftigen – Themen, die in der Adoleszenz aufs engste miteinander verknüpft sind.

»Der Terminator« von James Cameron mit Arnold Schwarzenegger, dem ehemaligen Bodybuilder und jetzigen Gouverneur von Kalifornien in der Titelrolle, und Linda Hamilton und Michael Biehn in den Hauptrollen als Sarah Connor und Kyle Reese kam 1994 in die Kinos. Der Erfolg des Filmes führte zu einer Reihe von Nachfolgefilmen. Im Sommer 2009 erschien der vierte Teil, ein fünfter und sechster sind geplant. Die Fernsehserie, »The Sarah Connor Chronicles«, wird seit Anfang 2008 gesendet. »Der Terminator« ist also ein absoluter Publikumsrenner, wobei, wie so häufig, die Nachfolgefilme psychologisch wenig interessant, teilweise geradezu platt konstruiert sind. Sie leben stark von computertechnischen Effekten.

Auch hier sei zunächst kurz der Plot des Filmes skizziert: Der Film handelt von dem Kampf zwischen dem Terminator, einer gefährlichen Maschine mit dem Aussehen eines Menschen, und dem Guerillakämpfer Kyle Reese. Beide kommen aus der Zukunft, aus dem Jahr 2029, in dem das Computersystem Skynet nach einem Atomkrieg die Weltherrschaft übernommen hat und die Menschen auszurotten versucht. Diese vegetieren unter der Erde, ständig gefährdet durch die Verfolgung der Maschinen. Die Computer schicken einen Terminator zurück in das Jahr 1984, um die Mutter des Anführers der Menschen, Sarah Connor, zu töten, noch bevor diese ihren Sohn zur Welt bringt, um so ihre Herrschaft zu sichern. Der Anführer schickt einen seiner Leute, eben jenen Kyle Reese, ebenfalls in die Vergangenheit zurück, um Sarah Connor zu schützen. Kyle Reese opfert sich für die Reise in die Vergangenheit, da er von John Connor, dem Sohn Sarahs, ein Polaroidbild Sarahs erhalten und sich in sie verliebt hat.

Beide, der Maschinenmensch Terminator wie auch Kyle Reese, kommen nach ihrer Reise in die Vergangenheit in einer Art Geburtsszene unter gleißendem Licht nackt zur Welt. Dies ist der Auftakt zu einer Verfolgungsjagd zwi-

schen dem Terminator auf der einen Seite und Kyle Reese
und Sarah Connor auf der anderen Seite, die den gesamten
Film bestimmt. Der gepanzerte und nahezu unverwundbare
Terminator eliminiert mit gefühlloser Brutalität alles, was
sich seinem tödlichen Auftrag, auf den er programmiert ist,
nämlich die Ermordung der jungen Studentin Sarah Connor, entgegenstellt. Aufgrund einer Verwechslung werden
die Freundin und Mitbewohnerin von Sarah Connor und
deren Freund unmittelbar im Anschluss an eine Liebesszene
vom Terminator ermordet. Die Liebesszene währt nur wenige Sekunden, dagegen dehnt sich die Zeit in den Gewalt-
szenen und während der Jagd auf das Opfer über Minuten. Bei der atemlosen Flucht vor dem Terminator kommen
sich Kyle Reese und Sarah Connor in kurzen Ruhepausen,
in denen sie sich meist in einem Auto verstecken, langsam
näher. Kyle Reese erklärt Sarah Connor, wie Terminatoren
konstruiert sind: Sie »sehen aus wie Menschen, schwitzen,
haben schlechten Atem ...«. Dies sind typische auf den Körper bezogene Ängste von Adoleszenten, die hier auf den Ter-

minator projiziert werden. Terminatoren, so Kyle Reese weiter, fühlen »weder Mitleid noch Reue noch Furcht«.

Eine Schlüsselszene des Films wird etwa eine halbe Stunde vor dem Ende gezeigt: Sarah und Kyle erreichen auf ihrer Flucht ein Motel und mieten ein Zimmer. Sarah bleibt im Zimmer zurück, während Kyle einkaufen geht. Sie ruft ihre Mutter an und gibt ihr auf deren Drängen die Telefonnummer des Motels. Während des Gesprächs schwenkt die Kamera über eine verwüstete Wohnung, und schließlich erkennt der Zuschauer, dass die Mutter bereits vom Terminator ermordet wurde. Er ist es, der mit verstellter Stimme mit Sarah telefoniert. Kyle kehrt vom Einkauf zurück, bringt jedoch anstelle von Lebensmitteln Chemikalien zur Herstellung von Bomben mit. Ein Szenenwechsel – es ist Nacht – zeigt den sich auf einem Motorrad nähernden Terminator. Kyle zeigt Sarah, wie man Rohrbomben baut, und ermahnt sie wegen deren Explosivität zur Vorsicht. Ein Schwenk über die aufgereihten fertigen Rohrbomben bringt Sarah ins Bild, wie sie im Bett liegt. Sarah und Kyle unterhalten sich darüber, dass der Terminator sie vermutlich finden wird und dass Gefahr und Flucht nie aufhören werden. Sie fragt ihn, wie die Mädchen in seiner Zeit seien, und er antwortet, sie seien gute Kämpferinnen. Erst auf weiteres Nachfragen ihrerseits berichtet er, dass es in seinem Leben niemals ein Mädchen gegeben habe. Sie fasst ihn an und berührt eine Narbe auf seinem Rücken, äußert sich, dass er Schmerzen gehabt haben müsse. Kyle Reese antwortet ihr: »Schmerzen kann man unter Kontrolle halten. Sie schalten sie einfach aus.«

Zunächst wendet sich in dieser Szene Sarah Connor in einer Situation doppelter Bedrohung an ihre Mutter und telefoniert vermeintlich mit dieser. Vordergründig wird sie durch den gewalttätigen Terminator bedroht, der nur »das

Eine« will, nämlich sie programmgemäß töten. Gleichwohl steht aber mit dem Einmieten in einem Motelzimmer auch eine andere Bedrohung im Raum, nämlich die zunehmende Nähe zu einem Mann, sodass sie während der kurzen Abwesenheit von Kyle Reese mit der Mutter Kontakt aufnimmt. Aggressive und sexuelle Impulse sind im normalen Seelenleben miteinander vermengt. Sie gehören zusammen und existieren nebeneinander in einer Person. Hier aber sind sie, was die männlichen Protagonisten betrifft, fein säuberlich in Kyle und den Terminator aufgespalten. Beide Momente werden dargestellt, als ob sie für Sarah bedrohlich seien. In dieser Gefahrensituation greift Sarah auf die vermeintlich sichere Beziehung zum Primärobjekt, zur Mutter, zurück. Anstelle von Sicherheit erzeugt dieser Rückgriff auf die Mutter – im Film dramatisch durch einen Kameraschwenk beim Telefonat in Szene gesetzt – erneut Gefahr. Der Terminator hat die Mutter bereits ermordet. Er hat zwar keine Kreide gefressen wie der Wolf, der im Grimm'schen Märchen die sieben Geißlein mit verstellter Stimme überlistet, aber gibt sich wie im Märchen als eine andere Person, als die Mutter aus und wiegt das Kind in Sicherheit. Man kann und sollte dies durchaus als innerpsychische Bewegung verstehen. Es kommt also, psychologisch betrachtet, auch auf der Ebene der inneren Beziehung zum Objekt Mutter zu einer Aufspaltung verschiedener entgegengesetzter Aspekte. Diese Form der Spaltung erfolgt nicht wie die zwischen Kyle Reese und dem Terminator zwischen aggressiven und sexuellen Aspekten, sondern zwischen einer guten, idealisierten Mutter, an die sich Sarah vermeintlich in ihrer Not wendet, und einer bösen, verfolgenden Mutter, die wiederum durch den Terminator verkörpert wird und sie mit verstellter Stimme in Sicherheit wiegt. Die Gefahr, die von letzterer, der verfolgenden Mutterfigur ausgeht, kann nur durch äu-

ßerste Gewalt gebannt werden; Kyle Reese schleppt Sprengstoff an, und Kyle und Sarah basteln Bomben. Er zeigt ihr,
wie vorsichtig man mit diesen phallischen Objekten um-
gehen muss, wie leicht sie explodieren. Der Kameraschwenk
schließlich über die Bomben leitet über zum Beginn einer
emotionalen Annäherung, die zunächst von Sarah Connor
ausgeht. Auf ihre Annäherung reagiert Kyle Reese, indem
er die sexuelle Komponente abwehrt, die erotische Seite
ihrer Annäherung verleugnet und davon spricht, dass in
seiner Zeit die Mädchen gute Kämpferinnen seien. Er habe
niemals ein Mädchen gehabt. Schließlich beschwört er geradezu, dass man Schmerzen, man könnte auch sagen Gefühle, unter Kontrolle halten könne, indem man sie einfach
ausschalte. Soweit eine mögliche psychologische Interpretation des kurzen Filmausschnittes.

In diesem Moment wendet sich die Situation und es
kommt zu einer kurzen Liebesszene von ziemlich genau
einer Minute Dauer. Ein Schnitt auf den herannahenden
Terminator beendet die Szene und zeigt, dass beide sich in
höchster Gefahr befinden. An dieser Stelle des Films werden
die Maschinenhaftigkeit des Terminators und die unbeirr-
bare Verfolgung seines Programmes sehr betont, was seine
Unheimlichkeit und Bedrohlichkeit noch steigert. Schließlich wird der Terminator nach weiteren Verfolgungsjagden
schwer verwundet, da Kyle Reese ihm eine Bombe in den
Unterleib steckt; der gesamte Unterleib wird oberhalb des
Beckens abgerissen, unten hängt nur noch ein Kabelbündel
heraus. Diese Verdichtung sexueller Motive ist im Film grandios in Szene gesetzt. Gleichzeitig stirbt Kyle Reese bei dieser
Explosion. Trotz seiner schweren Verletzungen verfolgt der
Terminator ohne Beine kriechend Sarah Connor, bis sie ihn
unter eine Stahlpresse locken kann und dort zerquetscht.

In diesem Mythos findet sich eine hochaufgeladene Situation zwischen zwei Gegenspielern, wobei es im Film vielfach Hinweise darauf gibt, dass beide als Adoleszente zu sehen sind. Ich verstehe das Paar Kyle Reese – Terminator als Verkörperungen zweier Aspekte eines adoleszenten Dramas: Auf der einen Seite der gefühllose, destruktive Terminator, der jede Art von menschlicher Bindung zu bekämpfen versucht und triebhaft (programmiert) und völlig inadäquat durch die kleinsten Auslöser gewalttätig wird. Auf der anderen Seite der junge Kämpfer Kyle Reese, der seine Gefühle zu unterdrücken sucht, gerade solcher Gefühle wegen aber das Wagnis eingeht, in die Vergangenheit zu reisen und dort sogar für einen kurzen Moment eine sexuelle Begegnung zulässt. Die von mir herausgestellte enge Verbindung zwischen beiden wird von Kyle Reese an einer Stelle ausdrücklich formuliert: »Niemand kann zurück. Niemand sonst kommt durch. Es gibt nur ihn und mich.« Er formuliert damit in gewisser Weise eine typische Fantasie des Adoleszenten, die seine Situation betrifft. In die Kindheit kann er nicht zurück, er ist alleine, auf sich gestellt, niemand sonst kommt zu ihm durch. Er ist aber auch einzigartig.

Im »Terminator« werden sexuelle Wünsche ebenso stimuliert, wie sie gefürchtet werden. Der Film spielt in ironischer Brechung mit dem alten Ödipusmythos, der von Freud aufgegriffen und als der Grundkonflikt der menschlichen Entwicklung dargestellt wurde: Ödipus trifft an einer Wegkreuzung auf seinen Vater, und es kommt zum Streit, wer ausweichen muss. Da der Vater nicht weicht, erschlägt ihn Ödipus, kommt nach Theben, löst das Rätsel der Sphinx und heiratet die verwitwete Mutter. Im »Terminator« wird diese Grundkonstellation komplex gebrochen und über mehrere Generationen und die Zeit hinweg erweitert. Kyle Reese, der junge Kämpfer, verehrt Sarah, die Mutter seines Anführers, also seines »sozialen Vaters«. Er geht deswegen zurück in die Vergangenheit, um Sarah zu retten, und wird damit in ironischer Brechung des Ödipusmythos zum Vater seines bewunderten Vorbildes und sozialen »Vaters«.

Es geht auf einer zweiten Ebene aber auch um die archaische Angst, niemals von der infantilen Bindung an die Mutter loszukommen. Nicht umsonst tut sich Kyle Reese mit Intimität und Beziehung so schwer – darin ist er wie »Mundharmonika« – und beschränkt sich auf die nicht-erotische Sicht auf Frauen indem er betont, dass die Mädchen in seiner Zeit gute Kämpferinnen seien. Die sexuelle Begegnung führt psychologisch folgerichtig zu seinem Tod. Verdichtet wird dies im Film in der Szene, in der er mittels Sprengstoff den Unterleib des Terminators wegsprengt und dadurch selber stirbt. Eine Karikatur des männlichen Gliedes hängt in Form des Kabelbündels unten heraus. Es geht daher um archaische Vernichtungsängste im Kontext der Sexualität, die gewalttätig abgewehrt werden.

Die angesprochene Grundproblematik fand nicht erst in der Moderne einen künstlerischen Ausdruck. Euripides dramatisierte bereits vor 2500 Jahren in den »Bakchen« einen Stoff, der zumindest aus heutiger Sicht sehr an das Drama des Kyle Reese erinnert. Wir wissen selbstverständlich nicht genau, was Euripides mit diesem Stoff aussagen wollte und was unsere modernen Projektionen auf den antiken Stoff sind. Pentheus erbt die Königswürde von Theben von seinem Großvater Kadmos, dem Gründer von Theben. Seine Mutter Agaue ist eine der Töchter von Kadmos, eine weitere Tochter ist Semele, die Mutter von Dionysos. Die beiden Vettern Pentheus und Dionysos sind im Drama Gegenspieler und Feinde und verkörpern zwei Aspekte des adoleszenten Entwicklungsdramas. Pentheus versucht, jede Art von Triebhaftigkeit zu kontrollieren. Er ist – modern gesprochen – ein

Vertreter von »Law and Order« und möchte jede Ausschweifung im Keim ersticken. Kampf, Waffen, Gefängnisse sind seine Mittel. Sein Gegenspieler, Dionysos, kommt als Fremder in die Stadt, so, wie der pubertäre Triebschub und die Veränderung des Körpers als etwas Fremdes über den Adoleszenten hereinbricht. Er vertritt als Gott die himmlischen Mächte, die Freud (1930a) in »Das Unbehagen in der Kultur« ansprach: den Eros und die Zerstörung. Er bringt die Ausschweifung mit sich in Form der sexuellen Ausschweifung und des Trinkens, aber auch in Form des Furors, des Wütens, des Todes. Diese himmlischen Mächte, die Triebkräfte, die der Adoleszente als etwas erlebt, das ihn überfällt, als etwas bedrohliches Fremdes, dem er ausgeliefert ist und das ihn antreibt, stehen ihrerseits in einem Spannungsverhältnis zwischen dem Wunsch nach sexueller Vereinigung und den Impulsen zu aggressiver Zerstörung. Dionysos repräsentiert dieses Fremde, er kommt als unheimlicher Fremder in die Stadt, ganz ähnlich übrigens wie der Rattenfänger von Hameln – auch hier der Verweis auf die Triebhaftigkeit in Form der Ratten –, der die Kinder den Eltern entfremdet, sie entführt und schließlich deren Tod herbeiführt.

Der »adoleszente« Pentheus, konfrontiert mit dieser Situation, sucht den Dionysos zu verfolgen, einzusperren und zu köpfen. Dionysos aber, wie könnte es anders sein bei einer göttlichen Macht, gelingt es, Pentheus zu verführen und sich grausam für die Unterdrückung zu rächen: Er nutzt Pentheus' Wunsch, die rasenden Bacchantinnen, die Anhängerinnen des Dionysos, zu denen auch Pentheus' Mutter Agaue gehört, mit Waffengewalt niederzwingen und ermorden zu wollen. Pentheus: »Ich opfere – Weiberblut, richt' ihnen wohl verdient, gewalt'gen Mord in des Kithairon Schluchten an.« Dionysos überredet Pentheus, sich als Frau zu verkleiden und heimlich die Rituale der Bacchantinnen von dem Wipfel einer Fichte aus anzusehen. Dionysos sorgt dann dafür, dass die Bacchantinnen, allen voran die Mutter von Pentheus, diesen entdecken, herunterschütteln und mit bloßen Händen in Stücke reißen, da sie ihn für einen jungen Berglöwen halten. Seine Mutter Agaue trägt seinen abgerissenen Kopf im Triumphzug nach Theben zurück. Dort werden ihr die Augen geöffnet und sie und Kadmos werden in die Fremde verbannt. Soweit, kurz zusammengefasst, der Stoff der antiken Tragödie.

Ich möchte im Folgenden einige wenige Aspekte des Stoffes aufgreifen und erläutern. Zunächst einmal sind die Vettern Pentheus und Dionysos im Drama zwar als Gegner jeweils eigene handelnde Personen, sie repräsentieren jedoch in meiner Interpretation des Dramas als adoleszentes Entwicklungsgeschehen zwei unterschiedliche und im Kampf miteinander befindliche Seiten des Adoleszenten. Insofern könnte man sagen, Dionysos ist eine Art »alter ego« des Pentheus. Während Dionysos die manchmal gewalttätige, manchmal lustvolle, jedenfalls bedrohliche und über den Adoleszenten fremd hereinbrechende Triebhaftigkeit repräsentiert, steht Pentheus mehr auf der Seite der bekannten adoleszenten Abwehrmechanismen: Intellektualisierung, Askese, Ideologiebildung, ja in manchen Fällen sogar extreme Zwanghaftigkeit und Ordnungsfanatismus, mit denen der Adoleszente dem bedrohlichen Wiedererwachen der Triebe zu begegnen versucht. Vor allem aber bemüht er sich, diese gefährlichen aufrührerischen Regungen zu bekämpfen, zu unterdrücken und aus der Welt zu schaffen, und gerät dadurch erneut in den Bannkreis der Gewalt.

Pentheus erscheint mit dem Einsetzen der Triebwünsche hin- und hergerissen zwischen dem Wunsch nach Autonomie und Kontrolle einerseits und einer regressiven Bewegung zurück in die Kindheit und einer Besetzung der frühen Objekte der Kindheit andererseits. Der Adoleszente gerät in diesem Prozess in erhebliche Spannungen. Er fühlt sich noch nicht so recht in der Lage, sich wirklich von den Eltern abzulösen. Auf der anderen Seite registriert er genau, wie gefährlich nunmehr diese Besetzung der frühen, archaischen Objekte ist und wie sehr sein psychisches Gleichgewicht dadurch in Frage gestellt wird. Die Turbulenzen der Adoleszenz leiten sich zu einem guten Teil aus dieser Problematik her. Flucht nach außen, Objekthunger, heftige Ablehnung der Eltern, narzisstische Größenfantasien, Gefühle von Einsamkeit und Objektverlustängste auf der einen Seite und ausgeprägte regressive Tendenzen, kindliche Anklammerungsbedürfnisse, Verschmelzungswünsche und kleinkindhafte Verhaltensweisen auf der anderen Seite stehen oft unvermittelt nebeneinander. So erscheint vielen Adoleszenten zumindest unbewusst, manchmal auch bewusst, eine Regression hin zu einer kleinkindhaft anklammernden Beziehung zum mütterlichen Primärobjekt zumindest vorübergehend als Lösung der heftigen inneren Konflikte und Ängste. Bei Pentheus können wir diese Bewegung gut nachzeichnen: Zunächst lehnt er den weibischen Dionysos heftig ab, betont das männlich-militärisch Abgegrenzte, dann aber lässt er sich von Dionysos dazu verführen, Frauenkleidung anzuziehen, das Treiben der Mutter zu beobachten und sich heimlich in deren Bereich einzuschleichen. Dies ist ein Wunsch, den wir sowohl bei männlichen als auch bei weiblichen Adoleszenten beobachten können, wenn sie in behandlungsbedürftige Ablösungs- und Identitätskrisen geraten. Diese Anlehnung an das mütterliche Objekt, bei Pentheus sogar weitergehend die Anverwandlung an das mütterliche Objekt durch Imitation, ist aber eine Lösung, die nicht weiterführt. Im Gegenteil, sie reaktiviert tiefgrei-

fende archaische Ängste, vom mütterlichen Objekt verschlungen, aufgefressen, oder zerrissen zu werden, wie dies
im Pentheus-Mythos ja dann tatsächlich eintritt. Die regressive, unbewusst gewünschte und zugleich gefürchtete Wie-
derannäherung an das mütterliche Objekt endet in einer
Zerstörung des Individuums und führt so noch tiefer in die
in der Adoleszenz bereitliegenden Vernichtungsängste.

Wieso, so würde man aus jugendpsychiatrischer Perspektive fragen, kommt es in diesem Falle zu keiner befriedigenden, sondern nur zu einer extrem zerstörerischen Lösung, die von Pentheus gewaltsam heraufbeschworen wird?
Auch hier gibt uns die Tragödie des Euripides Hinweise,
woran es mangelte: Es ist dies im Falle des Pentheus eine
stabile Identifikationsmöglichkeit mit dem Vater – hierin
ähnelt die Situation der in »Spiel mir das Lied vom Tod«
(siehe Kapitel 1). Es ist gewiss kein Zufall, dass der Vater des
Pentheus, Echion, im Drama nur am Rande erwähnt wird,
aber ansonsten überhaupt nicht auftritt. Die väterliche Position wird vom Großvater Kadmos eingenommen. Der aber
wird gleich zu Beginn des Dramas, ebenso wie der greise
Seher Teiresias, von Pentheus als Schwächling verhöhnt:
»Den Wahrsager seh' im bunten Hirschkalbfell ich hier, Teiresias, und meiner Mutter Vater – lächerlich fürwahr! – wie
er den Thyrsos (= Stab der Bacchantinnen) schwingt! Mich
widert's, Vater, an, seh' ich, wie euer Greistum unvernünftig
ist.«

Viele Adoleszente sehen in einer solchen Situation der
fantasierten und in einzelnen Fällen auch realen gefährlichen Verführung durch eine phallische Mutter – im Drama
ist der Thyrsos der Bacchantinnen ein solches Phallussym-
bol – und bei einer mangelnden Identifikationsmöglichkeit
mit dem Vater den einzigen Ausweg entweder in einer extrem engen regressiven Beziehung mit der Mutter, wie ich

sie soeben anhand des Dramas geschildert habe, oder aber in einer Distanzierung von der Mutter durch Gewalt. Gewalt dient Jugendlichen häufig dazu, sich von den eigenen sexuellen Wünschen, die hochgradig angstbesetzt sind, zu distanzieren und sich gleichzeitig von dem gefährlichen mütterlichen Objekt zu befreien, das in der Fantasie der Jugendlichen sie in eine passive Position zurückzuziehen versucht, um sie sodann handlungsunfähig zu machen und ihrer Identität zu berauben. Diese tiefen Ängste können durch aktives Handeln und insbesondere durch aggressiv-gewalttätiges Handeln, bei dem man aus der Opferposition in die Täterposition kommt und andere zu passiven Opfern macht, bekämpft werden. Dies ist insbesondere dann häufig der Fall, wenn reale Gewalterlebnisse in der Lebensgeschichte eine Rolle spielen und damit diesen Konflikt verschärfen und gleichzeitig eine positive Identifikation mit dem Vater verhindern. An ihre Stelle wird dann unter Umständen ein gewalttätiges Männlichkeitsideal gesetzt.

Das Gegenbild zu diesen destruktiven Verschmelzungsängsten mit dem mütterlichen Objekt ist in der Geschichte des Dionysos formuliert: Dionysos überlebte als Kind, weil sein Vater Zeus ihn vor seiner rasenden Gattin Hera schützte, indem er ihn in seinen Schenkel einnähte. Die Identifikation mit dem Vater, die die Anerkennung passiver Wünsche dem Vater gegenüber einschließt und die keine abstrakt-theoretische ist, sondern eine im Körperlichen erlebte, ermöglicht eine Integration der aggressiven und libidinösen Triebe. Sie ermöglicht damit auch Beziehungen, die weniger stark von paranoiden Verfolgungsängsten geprägt sind, sondern durch schützende Dritte eine Milderung erfahren haben. Man könnte sagen, Dionysos hat durch die Chance einer Identifikation mit dem Vater die frühen archaischen Ängste und den ödipalen Konflikt besser integrieren und bewältigen können und er hat somit auch besseren Zugang zu seinen aggressiven und libidinösen Triebimpulsen, zu seinen aktiven und passiven Strebungen.

Fallgeschichte Jonas, 16 Jahre:

Dem 16-jährigen Jonas wurde vorgeworfen, gemeinsam mit seinem 15-jährigen Mittäter in einer norddeutschen Stadt einen Brandanschlag auf die Wohnung einer schwarzafrikanischen Familie verübt zu haben. Beide waren einem spontanen Einfall folgend in leicht- bis mittelgradig alkoholisiertem Zustand in ein mehrere Kilometer entferntes Stadtviertel gelaufen und hatten dort die zu Hause vorbereiteten Molotowcocktails gegen die ihnen bekannte Wohnung geworfen. In diffuser Weise hatten sie ausländerfeindliche Motive geltend gemacht, um damit ein Fanal zu setzen. Die Ausländerjugendlichen, von denen sie öfters angepöbelt würden, sollten etwas mehr Respekt vor ihnen bekommen. Sie hatten der Polizei gegenüber gleich eingeräumt, dass sie »billigend in Kauf genommen« hätten, Menschen zu Schaden zu bringen, weswegen eine Anklage wegen Mordversuchs erfolgte. Beide waren an sich in ihrer Clique, die keine rechtsradikalen Tendenzen aufwies, recht gut eingebunden. Verschiedentlich wurden sie als umgänglich und hilfsbereit beschrieben. Sie seien, so wurde von Freunden angemerkt, völlig in Ordnung, wenn nur die rechtsradikale Einstellung nicht wäre. Diese ging wohl vor allem von Jonas aus, der den jüngeren Freund, den er seit dem Kindergartenalter kannte, in dieser Hinsicht mitzog.

Jonas schilderte in der Begutachtung auf Nachfrage ausführlich, wie er sich seit seiner Kindheit für diese Dinge interessiere. Ihn habe das Auftreten der Wehrmacht, der Stechschritt fasziniert. Auch die Ausstrahlung von Hitler und dessen Körpersprache habe ihm gefallen. Militär fasziniere ihn, vor allem die Panzer. Wenn die sich so drehen würden und man sehe, wie die Ketten sich in die Erde wühlten, das sei schon toll. Ihn fasziniere die Überlegenheit der deutschen Wehrtechnik und die Schlagkraft der deutschen Armee im

6 Angst, Aggressivität und Sexualität

2. Weltkrieg. Er habe daher angefangen, Nazisachen zu bestellen und zu kaufen, höre entsprechende Musik und sei zeitweise auch als Skinhead herumgelaufen. Er hatte deswegen Schwierigkeiten in der Schule bekommen (siehe auch die Erörterung zur Faszination magisch-omnipotenter Gewalt anhand des »Krabat« in Kapitel 2).

Der Hintergrund, der diese Entwicklungsgeschichte individuell verständlich machte, war folgender: Als der Junge sieben Jahre alt war, nahm sich sein Vater auf schreckliche Weise das Leben, was ihm weder direkt mitgeteilt wurde noch jemals danach wieder zur Sprache kam. Etwa drei Monate später beging auch sein Großvater väterlicherseits Suizid. Zwei weitere männliche Verwandte nahmen sich ebenfalls das Leben. Die Mutter sah in ihm immer denjenigen, der in diese Linie gehörte. Tatsächlich habe er sich kurz nach dem Tod des Vaters am Esstisch auf dessen Platz gesetzt. In der Folge habe er einerseits sehr angepasste, fassadenhafte Züge entwickelt, andererseits sei es immer wieder wegen aggressiver Ausbrüche zu Problemen gekommen, nie jedoch zu Straftaten.

Die von Panzern ausgehende Faszination, die Bewunderung für Hitler, dessen Stärke und Ausstrahlung mussten psychodynamisch als Versuche gesehen werden, sich ein ideales unverletzbares väterliches Objekt zu rekonstruieren und sich mit diesem Objekt zu identifizieren, um selber dem fantasierten Schicksal des Untergangs aus Schwäche entrinnen zu können. Zu vermuten war vor diesem Hintergrund ein äußerlich banaler Auslöser des Tatgeschehens: Ein Mädchen, das ihm verschiedentlich Avancen gemacht hatte und das er selbst attraktiv fand, hatte sich an jenem Abend erneut um ihn bemüht, was ihn offenbar in seiner Selbstunsicherheit und männlichen Identitätsproblematik erheblich irritierte. Sich Respekt zu verschaffen, das angegebene Motiv der Tat, wäre aus einer derartigen Perspektive auch auf diese Verunsicherung hinsichtlich seiner sexuellen Wünsche, seiner Attraktivität und der Annäherung des begehrten Mädchens zu beziehen. Die Brandstiftung war für ihn – psychisch verständlich – ein Beweis seiner Männlichkeit und die Attacke auf

die Ausländer ein missglückter Versuch, sich dessen zu vergewissern.
Die Ängste, die Unsicherheit und die bedrohlich fantasierte Minder-
wertigkeit wurden auf die Opfer projiziert, wie auch die unbewäl-
tigte Aggression den Ausländern projektiv zugeschrieben wurde.
Trotz dieser Zusammenhänge war Jonas aber als für die Tat verant-
wortlich anzusehen und wurde dafür zu einer mehrjährigen Jugend-
strafe verurteilt.

Abschließend seien einige Konsequenzen skizziert:

Jugendliche müssen angesichts der geschilderten, im Zuge der Pubertät reaktivierten archaischen Ängste mannigfaltige Abwehroperationen durchführen. Es stabilisiert sie ungemein, wenn sie sich als aktiv Handelnde erleben. Daher legen sie in dieser Zeit oft stärkeres Gewicht auf das Handeln im Außen als auf innere Reflexion.

Eine der wirksamsten Abwehrmöglichkeiten ist die Neigung vieler Jugendlicher zu Gewalt. Man kann sie bis zu einem gewissen Grad als normal, ja sogar entwicklungsfördernd ansehen. Denn sie ermöglicht eine Distanzierung von passiven, regressiven Wünschen und damit auch von archaischen Ängsten. Dabei ist nicht zu verkennen, dass in der Mehrzahl der Fälle diese Neigung bei männlichen Jugendlichen unter Belastung eher nach außen ausgelebt wird, während sie bei weiblichen Jugendlichen eher gegen den eigenen Körper und das eigene Selbst gerichtet wird, wie dies gängigen Rollenmodellen entspricht.

Sehr schnell aber kann auch der Umschlagpunkt erreicht werden, an dem diese Neigung zur Gewalt eine erhebliche Beeinträchtigung der adoleszenten Entwicklung mit sich bringt. Entsprechend kann die Bezugnahme Jugendlicher auf Filme, Computerspiele oder ihre Einbindung in potentiell gewalttätige jugendsubkulturelle Szenen beide Aspekte in sich tragen. Häufig aber ist zunächst einmal der entwicklungsfördernde Aspekt im Vordergrund zu sehen, und insofern gibt es wenig Anlass, die Jugendkultur aus der Erwachsenenperspektive negativ zu beurteilen, wie wir es allzu leichtfertig tun.

Natürlich besteht die Gefahr einer Verfestigung gewalttätiger Abwehrstrukturen im Laufe der weiteren Entwicklung, also im Erwachsenenalter. Genannt seien insbesondere die Gefahr sadistisch-perverser Entwicklungen (siehe Kapitel 7), die Gefahr einer Verfestigung der Identifikation mit autoritär-aggressiv-sadistischen Law-and-order-Modellen und die Gefahr der Fixierung einer Neigung zu aggressiv-sadistischer Machtausübung (siehe Kapitel 3). Auch eine Ausrichtung auf aggressiv-destruktive Attacken auf den eigenen Körper stellt vor allem bei Mädchen ein erhebliches Entwicklungsrisiko dar (siehe Kapitel 8).

In der öffentlichen Diskussion werden diese Positionen kontrovers erörtert. Den sexuellen und aggressiven Ausschweifungen der Jugend, ihren hedonistischen Tendenzen, ihrer Konsumorientierung, soll mit Disziplin, ja Disziplinierung begegnet werden. Die Ängste vor einer Zerstörung der Normen und Konventionen werden auf diese Weise oft in einer rückwärts gerichteten Denkbewegung – früher war alles noch in Ordnung – gebannt. Auf der anderen Seite kämpft vor allem die Jugend gegen die rigide Erstarrung der Gesellschaft in Konventionen an. Besonders deutlich und heftig war dieser Impuls in der 68er-Bewegung zu sehen, die tatsächlich zu einer Öffnung der Gesellschaft hin zu freieren Lebensformen und einem Aufbrechen verkrusteter und gewalthaltig-repressiver Strukturen führte. Allerdings war, wie wir alle wissen, die Gefahr einer gewalttätigen Entgleisung auch dieser Bewegung nicht nur virtuell vorhanden, sondern wurde spätestens mit der RAF bittere Realität.

Heutzutage haben sich Jugendkulturen stärker diversifiziert und die Gesellschaft erscheint weniger monolithisch als in den 50er- und 60er-Jahren. Daher sind derartige Prozesse nicht mehr so eindeutig festzumachen. Es lohnt sich dennoch, diese Momente in den verschiedenen Jugendkulturen und ihrer Auseinandersetzung mit der Gesellschaft und umgekehrt der Gesellschaft mit ihr aufzuspüren. Auf diese Weise können wir die Chancen des »Anrennens« gegen etablierte Strukturen, aber auch die Gefahr einer aggressiven Verfestigung besser verstehen.

7   Gewalt und Entwicklung

Flexible und fixierte Gewaltidentifikationen

 *Sleepers*

Gewalt hat immer etwas mit Machtausübung zu tun, während umgekehrt Macht nicht immer und zu jedem Zeitpunkt mit Gewalt verbunden sein muss. Darauf hat Philipp Reemtsma in seinem Buch »Vertrauen und Gewalt« (2008) hingewiesen. Die Funktionalität der mit Gewalt verbundenen Machtausübung kann allerdings sehr unterschiedlich sein: Ihre Spannweite reicht von einer legitimierten und durch Gesetze geregelten Form, wie sie beispielsweise im Idealfall einen funktionierenden Rechtsstaat kennzeichnet, bis hin zu völliger Willkür, die lediglich den eigenen Vorteil oder auch nur den eigenen Genuss an der Macht sichern soll.

Innerhalb dieser Spannweite bewegen sich auch die Formen illegitim ausgeübter Gewalt, genauer gesagt, kriminelle Gewalttaten, die von Menschen an anderen begangen werden. Sie dienen immer der Machtausübung oder zumindest der Fantasie, Macht ausüben zu können. Durch sie soll häufig ein Gegenpol zum Erleben eigener Ohnmacht und Bedeutungslosigkeit geschaffen werden. Auch aus psychologischer Perspektive gibt es ein Kontinuum der Gewaltneigung von Menschen, speziell von jungen Menschen, dessen Kenntnis bedeutsam ist für die Einschätzung des Stellenwerts einer mit Gewalt verbundenen Handlung. Aus entwicklungspsychopathologischer Sicht kann man flexible Gewaltidentifikationen, die entwicklungspsychologisch gesehen durchaus als notwendige Entwicklungsschritte und damit als entwicklungsfördernd zu betrachten sind, festgefügten sadomasochistischen Gewaltdispositionen gegenüberstellen, die anzeigen, dass der Betreffende in seiner Entwicklung in eine Sackgasse geraten ist. Häufig wird in der Öffentlichkeit aus der Brutalität einer Tat fälschlich auf die innere Befindlichkeit eines Täters rückgeschlossen. So sehr eine brutale Tat Ekel und Abscheu erregen kann, so wenig kann man aus dem Tatgeschehen selbst ohne weiteres Rückschlüsse etwa auf eine sadistische Fixierung des Täters ziehen. Leider geschieht dies jedoch immer wieder.

Das Kontinuum zwischen flexibler Gewaltidentifikation und sadomasochistischer Fixierung vor allem auch im Hinblick auf die Entwicklung von Jugendlichen und jungen Erwachsenen soll in diesem Kapitel erläutert werden. Auch zwischen sozial adaptierter Jugendgewalt in Gruppen und extremer Gewalt spannt sich ein solches Kontinuum auf – eine Tatsache, die in der öffentlichen Diskussion über Jugendgewalt häufig zu kurz kommt. Einleitend werde ich wieder einen Film präsentieren, der mir zur Darstellung dieses Problems geeignet erscheint, weil er beide Pole in unterschiedlichen Figuren vorstellt. Darüber hinaus wirft er auch ein erhellendes Licht auf die Entwicklungsdynamik flexibler Gewaltidentifikationen bei Jugendlichen.

Ich werde darauf verzichten, einen der klassischen Thriller, die sadistische Gewalt zeigen, heranzuziehen. Denn sie beschäftigen sich mit den Beziehungen zwischen Täter und Opfer, nicht jedoch mit der Frage, wie eine solche sadistische Handlungsdisposition entsteht, und meist auch nicht mit der Frage, welches die Folgen sadistischer Gewalt beim Opfer sind.

Sadistische Gewaltanwendung kann außer in den gerne herangezogenen Einzelfällen einer sadistischen Gewaltfixierung eines »Monster-Täters« durchaus unterschiedliche Ursachen haben. Sie hängt sehr stark vom situativen Kontext ab, in dem die Gewalt ausgeübt wird. Sie muss also nicht, wie in derartigen Filmen aus dramaturgischen Gründen zumeist behauptet, mit einer genuinen und ansonsten unverständlichen seelischen Abartigkeit des Täters zu tun haben. Dies wiederum wird beispielhaft in »Sleepers« gezeigt, wo die sadistische Gewalt von Wärtern in einer Besserungsanstalt ausgeübt wird. Derartige institutionelle Gewaltzusammenhänge sind ein typischer Nährboden für Demütigungen und sadistische Gewalt. Wenn man das zynische Lob der Disziplin durch den Haupttäter Nokes im Film sieht und hört, wird man davor zurückschrecken, Erziehungskonzepte unbesehen auf Disziplin aufzubauen, selbst wenn man einräumt, dass die Pervertierung einer Idee noch nicht zwangsläufig die Idee selbst diskreditieren muss.

Nun aber zunächst zum Film: »Sleepers« kam 1996 unter der Regie von Barry Levinson in die Kinos. Der Film basierte auf dem gleichnamigen Roman von Lorenzo Carcaterra, der die Geschichte als autobiografisch bezeichnete. Kevin Beacon spielte den sadistischen Aufseher Sean Nokes, Brad Pitt den erwachsenen Michael, Robert de Niro Pater Bobby und Dustin Hofman den Rechtsanwalt. Vier Jungen, Shakes, der Ich-Erzähler und spätere Journalist, Michael, der spätere Staatsanwalt, Tommy und John, die beide später eine Karriere als Bandenchefs einschlagen, wachsen in Hell's Kitchen, einem armen Stadtteil in Manhattan, auf. Der Film zeigt im ersten Teil sehr berührend das Leben dieser vier Jungen zwischen ihren sonntäglichen Aufgaben als Ministranten und einem Alltag, in dem sie sich etwas Taschen-

geld bei King Benny, dem lokalen Mafiaboss, verdienen. Sie kommen aus zerrütteten Familien, und außer Pater Bobby kümmert sich niemand um sie. Pater Bobbys schützende väterliche Funktion wird von Robert de Niro brillant herausgearbeitet. Als sie einen Hotdog-Verkäufer abzocken, verletzen sie versehentlich einen Passanten schwer und werden zu Jugendstrafen von durchschnittlich einem Jahr verurteilt.

In der Jugendstrafanstalt, dem Wilkinson-Heim für jugendliche Straftäter, werden die Jungen von einer Gruppe von Aufsehern, allen voran Nokes, schwer misshandelt und sexuell missbraucht. Sie werden eingeschüchtert, niemandem etwas zu erzählen, können aber auch aus Scham darüber nicht sprechen, sondern versuchen das Ganze zu vergessen. Nokes wird als sadistischer und perverser Aufseher dargestellt, der Freude daran findet, die Jungen zu demütigen, zu quälen, zu züchtigen und schließlich zu vergewaltigen. Unmittelbar vor der ersten Vergewaltigung, auf dem langen Weg durch Kellergänge zum Ort des Geschehens, spricht er in einem längeren Monolog sein zynisches Lob der Disziplin:

»Es ist wirklich tragisch … ich sag euch, ich kann euch Jungs nicht verstehen. Ihr müsst lernen, den Regeln zu folgen, es geht leider nicht ohne Regeln, es geht nicht ohne Disziplin. Ich weiß ja nicht, wie eure Eltern das gemacht haben, eure Familien, aber bei meinem Vater, bei meiner Familie hatten wir Regeln. Und wenn einer den Regeln nicht gehorcht hatte, musste er dafür büßen. Wir hatten unsere Regeln und unsere Disziplin. Es war zwar nicht immer schön, aber wir haben gelernt und zwar schnell gelernt … ja, rechts rum und dann rein da, vorwärts, weiter … Es ist im Grunde doch ganz einfach: Ihr braucht Regeln und ihr braucht Disziplin. Damit fängt alles an und damit hört alles auf … Haben wir uns verstanden? Umdrehen! Gesicht zur Wand!«

Der zweite Teil des Films beginnt 15 Jahre später damit, dass Tommy und John zufällig Nokes in einer Kneipe treffen und ihn erschießen. Die weitere Geschichte werde ich hier nur kurz skizzieren. Michael, der Staatsanwalt, zieht den Fall an sich und plant gemeinsam mit Shakes, der mittlerweile Journalist geworden ist, ein Komplott, um den Fall zu verlieren und für seine früheren Freunde einen Freispruch zu erwirken. Vor allem aber geht es ihm darum, die damaligen Zustände im Wilkinson-Heim öffentlich zu machen und die Täter dafür zur Rechenschaft zu ziehen, was auch gelingt. Im Verlauf des Filmes wird deutlich, dass keiner der Vier das Geschehen verarbeiten oder vergessen konnte. Bis auf Shakes, den Journalisten, scheitern alle mehr oder weniger. John stirbt am Konsum von schwarz gebranntem Schnaps, Tommy wird erschossen. Von Michael, der bei der Staatsanwaltschaft kündigt und sich als Teilzeittischler nach England zurückzieht, sagt der Erzähler einführend, er sei »ein nicht mehr praktizierender Staatsanwalt, der im Grauen seiner Vergangenheit lebt«.

Der Film rief Kontroversen über die Frage der Selbstjustiz hervor, die angeblich propagiert werde. Ich hielte es jedoch für wesentlich bedeutsamer und drängender, eine Debatte über gewalttätige Erziehungspraktiken und Strukturen speziell in Jugendgefängnissen zu führen. Immerhin sahen sich die New Yorker Strafverfolgungsbehörden veranlasst, ausdrücklich zu betonen, dass es diesen Fall nie gegeben habe. Tatsächlich sind aber in amerikanischen Gefängnissen extrem gewalttätige Praktiken gegen Häftlinge an der Tagesordnung. Einzelne Jugendgefängnisse mussten sogar geschlossen werden, nachdem jugendliche Strafgefangene von Rollkommandos getötet worden waren. In Deutschland gibt es, soweit ich dies überblicke, keine systematisch angewandten gewalttätigen Übergriffe auf jugendliche Strafgefangene. Überfüllte Haftanstalten, zu große Jugendstrafanstalten und zu wenig Personal fördern aber Gewaltstrukturen zwischen den Gefangenen und führen jeden Erziehungsauftrag ad absurdum. Leider ersetzt häufig der populistische Ruf nach härteren Strafen für jugendliche Gewaltstraftäter eine vernünftige Diskussion etwa über die Frage, wie wir Gefängnisse ausstatten müssten, um wirklich Resozialisierungsergebnisse zu erzielen und die Gesellschaft und Straftäter besser vor Rückfällen schützen können.

Ich möchte im Folgenden zunächst einige Aspekte der Bedeutung von Gewalt in Jugendlichengruppen im Sinne einer adaptiven Funktion, also einer Anpassungsreaktion, diskutieren und danach zur Frage der sadistischen Gewaltanwendung und ihrer Auswirkungen auf die Entwicklung kommen.

Die Faszination, die von Gewalt ausgeht, und die Beschäftigung mit Gewaltfantasien bildet, soweit ein gewisses Ausmaß nicht überschritten und der sonstige Lebensvollzug nicht beeinträchtigt wird, bei Jugendlichen einen normalen Bestandteil der Entwicklung. Dies gilt vor allem dann, wenn sie in eine Gruppenkultur integriert sind. Der Film betont die Integration der kriminellen Aktivitäten dieser Jugendlichen in das soziale Milieu, in dem sie aufwuchsen. Häufiger noch sind derartige kriminelle Aktivitäten Ausdruck einer gemeinsamen Haltung in der Jugendlichengruppe, mit der sich diese von den Erwachsenen abgrenzt. Wesentlich ist in beiden Fällen, dass Gewaltfantasien und begrenzte Regelverstöße dabei helfen, ein Gefühl der Gruppenidentität zu schaffen, was in diesem Alter für die Bildung einer eigenen Identität in Abgrenzung von den Eltern wichtig ist. Zugleich befriedigt diese Gewaltkomponente in der Gruppenkultur ein Bedürfnis nach narzisstischer Stabilisierung durch Größenfantasien. Im Film wird diese Funktion einer aus der Gruppe heraus entstehenden Gewalt sehr nachvollziehbar inszeniert: Die Jungen führen gemeinsam den Hotdog-Verkäufer vor, zeigen ihm gegenüber ihre eigene Gewitztheit und Überlegenheit und möchten ihn sogar noch in die missliche Lage bringen, seinen Wagen aus dem Treppenabgang zum U-Bahnschacht wieder herausziehen zu müssen, während sie sich selber triumphierend davonmachen können. Leider geht der Plan genau an diesem Punkt tragisch schief: Der Wagen ist zu schwer und donnert in den Treppenabgang hinunter, wo er einen unbeteiligten Passanten an die Wand quetscht.

Derartige Größenfantasien, wie sie auch in der Bewunderung für den Mafiaboss und dem Wunsch, für ihn zu arbeiten, zum Ausdruck kommen, dienen – besonders stark bei deprivierten Jugendlichen – der Abwehr von Ohnmachts- und Unterlegenheitsgefühlen, die den Jugendlichen seiner

Entwicklungskräfte zu berauben und ihn aufgrund seiner Schamgefühle von der Peergroup, von seiner Gleichaltrigengruppe, zu isolieren drohen. Demgegenüber bestätigen aus aggressivem Verhalten gespeiste Fantasien einer Überlegenheit die Selbstwirksamkeitswünsche der Jugendlichen.

Dennoch bleibt in all diesen Fällen sowohl die Suche nach einem mütterlich tragenden, beziehungsstiftenden Objekt als auch die nach einer väterlich grenzsetzenden Instanz virulent. Die Jugendlichengruppe nimmt in der Regel, wie dies auch in »Sleepers« bei den vier Jungen geschildert wurde und weit ins Erwachsenenalter hinein für alle vier bedeutsam blieb, die Rolle eines solchen Geborgenheit bietenden mütterlichen Objektes ein. Wir können dies beispielsweise bei jugendlichen Skinhead-Gruppen regelmäßig beobachten. Immer wieder berichten mir Skinhead-Jugendliche, dass das Wichtigste am Gruppenerleben sei, dass man eine Heimat gefunden habe; die Gruppe sei so etwas wie eine Familie. Diese Sehnsucht nach einer Zugehörigkeit zur Gruppe im Sinne eines mütterlichen Objektes führt allerdings zu einer Tendenz, die Welt in zwei Lager aufzuteilen: Im Inneren wird die Gruppe als harmonisch und konfliktfrei erlebt, während alle Spannungen und Konflikte nach außen hin ausgetragen werden, wobei sich die Gruppe gegen äußere Feinde zusammenschließt. Die damit einhergehende Gefahr ist vor allem bei Skinhead-Gruppen überdeutlich: Die anderen, die Ausländer, die Behinderten, werden als minderwertig deklassiert, damit eigene Minderwertigkeitsgefühle bekämpft werden können.

Der englische Kinderarzt und Psychoanalytiker Donald W. Winnicott, der sich intensiv mit antisozialen und gewalttätigen Jugendlichen beschäftigte, betonte auch sehr stark den erwähnten korrespondierenden Aspekt: die verzweifelte Suche nach einem Objekt, das Stabilität und Zuverlässigkeit,

7 Gewalt und Entwicklung

Rahmen und Grenzsetzung gewährleistet (1988). Der als ungerecht und als Versagen der Umwelt empfundene Verlust eines solchen stabilen Objekts wird mit Hilfe der dissozial-aggressiven Entwicklung anklagend nach außen getragen, und gleichzeitig wird dieses Objekt in gewisser Weise auf den Plan gerufen. Es ist, als ob die betreffenden Jugendlichen mit ihrer gewalttätigen Dissozialität sagen würden: »Schaut alle her, mir fehlt jemand, der mir Grenzen aufzeigt. Auch wenn ich jede Grenze sprenge, würde ich doch genau dies, einen mich freundlich, aber bestimmt begrenzenden Menschen und entsprechende Strukturen benötigen.« Ich habe bereits eingangs darauf hingewiesen, dass dies im Film in genau dieser gutartigen, aber gleichwohl wirksam Grenzen setzenden Form von Pater Bobby verkörpert wird.

Diese Phänomene sind also in einem weitgehend normalen Bereich einer entwicklungsfördernden Auseinandersetzung mit Gewalt angesiedelt. Das Verhalten oszilliert zwischen einer Übertretung der Regeln und der Suche nach einem grenzsetzenden Objekt. Jede normale Adoleszenzentwicklung ist mehr oder weniger stark davon bestimmt. Es besteht allerdings immer die Gefahr, dass sich eine solche Gruppenkultur und derartige Verhaltensmuster zu einer aggressiv-destruktiven Fixierung im engeren Sinne verfestigen. Diese Gefahr besteht besonders dann, wenn erhebliche Traumatisierungen in der jeweiligen Vorgeschichte den Betreffenden bereits destabilisiert und in seiner psychischen Entwicklung beeinträchtigt haben.

Bösartig erscheint im Gegensatz dazu das zynische Lob der Disziplin aus dem Munde des Aufsehers Nokes, der damit seine sadistischen Machtgelüste und seine sexuelle Perversion rechtfertigt und auslebt. In verlogener Weise wird im Wilkinson-Heim für jugendliche Straftäter die verzweifelte Suche nach einem solchen grenzsetzenden, d.h. eben auch verlässlichen und sich an Regeln und Gesetze haltenden Objekt nicht nur enttäuscht, sondern das, was ein solches Objekt leisten soll, geradezu pervertiert.

Die Folgen der Gewalttraumatisierung von Kindern sind bekannt und in der Literatur umfassend dargestellt. Es kommt zu einem Ohnmachtserleben, das durch eine Introjektion des aggressiven Objektes bekämpft wird. Dies wurde von Sandor Ferenczi bereits 1932 in seiner Arbeit »Sprachverwirrung zwischen dem Erwachsenen und dem Kind« ausgeführt und von Anna Freud 1936 als »Identifikation mit dem Aggressor bezeichnet« (siehe Kapitel 1). Die Identifikation mit dem Aggressor hat zum einen eine Fixierung des Kindes auf aggressive Dispositionen zur Folge. Sie bleiben im Sinne eines Sequesters, eines abgekapselten Teils der psychischen Funktionen, in der Regel von der weiteren Entwicklung ausgeschlossen und können daher nicht integriert werden. Andererseits resultiert daraus aber auch die bekannte Fixierung Traumatisierter an das Schuldgefühl, das eigentlich der Täter haben müsste, das von diesem aber in der Regel abgewehrt wird. Diese aggressive Fixierung führt in schwereren Fällen zur Ausbildung einer negativen Identität, wie sie der amerikanische Psychoanalytiker und Sozialpsychologe Erik H. Erikson 1956/57 beschrieb. Dabei greift der Jugendliche zur Abwehr seiner Identitätsdiffusion, seiner durch die Traumata erzeugten Verwirrung darüber, wer er nun eigentlich sei, auf negative Attribute, die ihm zugeschrieben werden, zurück. Er zieht aus der Identifikation mit diesen negativen Zuschreibungen ein Gefühl der inneren Kohärenz und Abgrenzung gegenüber der Außenwelt. Schließlich kommt es zu dissoziativen Symptomen und Spaltungsprozessen in der Psyche. Sie dienen dazu, die Konfrontation mit dem Unerträglichen abzuwehren und damit verknüpfte depressive und paranoide Ängste in Schach zu halten. Möglicherweise gelingt genau dies aber unzureichend, und es kommt zu Einbrüchen des Terrors in Form von Flashbacks, also einem plötzlichen, von heftigen Gefühlen begleiteten Wiedererleben der ursprünglichen traumatischen Situation, und zu Panikattacken. Der Abwehr von Ängsten dient häufig auch eine Überanpassung, die jedoch einhergeht mit einem fundamentalen Misstrauen in die Verlässlichkeit von Beziehungen.

Derartige Erfahrungen führen außerdem zu einer Identifikation des betreffenden Menschen mit der lügnerischen Struktur und damit zu einer tiefen Verankerung von Täuschungsmanövern in der Psyche. Er lernt, mit der Realität zu jonglieren, das einzusetzen, was gerade günstig erscheint. Dies zeigt deutlich der vom Staatsanwalt komplett gefälschte Prozessverlauf, der den gesamten zweiten Teil des Films beherrscht. Dieses Lernen ist aus der Not geboren und dient dem psychischen Überleben in einer bedrohlich irrationalen Welt, in der Verlässlichkeit nicht existiert (Günter 2010).

Sadistische Gewalt führt also, auch das wird im Film dargestellt, zu einer Ruptur in der Organisation der Persönlichkeit, die es tendenziell unmöglich macht, bösartig verfolgende Selbst- und Objektanteile angemessen einzubinden und durch die Vermischung mit positiven Selbst- und Objektrepräsentanzen zu entschärfen. Die daraus resultierende Verkapselung aggressiv-destruktiver Selbst- und Objektanteile verhindert auch deren weitere Entwicklung, sodass die Persönlichkeitsorganisation in diesen Bereichen auf ein relativ primitives Niveau zurückfällt und dann auch dort steckenbleibt. Die Isolierung und Verkapselung wird in ihrer destruktiven Wirkung noch verschärft, wenn das Individuum durch die sadistische Behandlung aus dem sozialen Kontext herausgerissen und somit seiner Möglichkeiten beraubt wird, sich über eine Einbindung in den sozialen Kontext und eine Kommunikation des traumatischen Erlebens zu restrukturieren und darüber die verkapselten Selbst- und Objektrepäsentanzen nach und nach wieder zu integrieren.

Die sich entwickelnden pathologischen Möglichkeiten der Gewaltfixierung sind hier zusammengefasst:

- Identifikation mit dem Aggressor, archaische Vergeltungsfantasien, Brutalität, ein Denken in Kategorien von »Auge um Auge, Zahn um Zahn«.
  Dies wird im Film vor allem anhand der Figuren Tommy und John dargestellt, die eine Laufbahn als Gewaltverbrecher einschlugen. Bemerkenswert die Erleichterung, die beide im Film zeigen, nachdem sie Nokes erschossen haben. Allerdings führte diese Tat nicht zu einer wirklichen Wende im Sinne einer Befreiung vom Albtraum der Gewaltfixierung. Auch das Motiv der Selbstjustiz, das den zweiten Teil des Films beherrscht, dürfte dieser Form der Abwehr entspringen, da der Glaube an eine grenzsetzende Instanz, die Regeln folgt, grundlegend zerstört ist.
- Die wütenden, destruktiven Attacken können sich auch gegen das Selbst richten.
  Dies ist ein Mechanismus, der bei jungen Mädchen und Frauen die häufigste Form der Identifikation mit dem Aggressor und der Verarbeitung von Ohnmacht und Scham ist. Sadistisch misshandelte Mädchen und Frauen wüten in aller Regel weit mehr gegen sich selbst, zerstören sich psychisch und attackieren ihren Körper, als dass sie aggressiv gegen andere werden. Dieses Wüten gegen sich selbst hat unterschiedliche Wurzeln, ist jedoch meist eng damit verknüpft, Ohnmacht, Demütigung und die damit einhergehende tiefe Scham aus der Welt schaffen zu wollen. Die Schamproblematik und das eher indirekte Wüten

7 Gewalt und Entwicklung

gegen sich selbst sind im Film ausgezeichnet dargestellt. John zerstört sich selbst mit Schnaps, Tommy begibt sich bewusst in gefährliche Situationen, was ihn schließlich das Leben kostet und auch Michael zerstört mit unerbittlich scheinender Konsequenz seine Existenz als Anwalt. Paradoxerweise sind auch Versuche, das Erlebte ungeschehen zu machen, nichts mehr davon wissen und erleben zu wollen, als eine Variante dieser Attacken gegen sich selbst zu verstehen. Sie führen dazu, Gefühle abzutöten. Dieser Mechanismus wird von den vier Jungen mehrfach direkt thematisiert und diskutiert. Michael ist deswegen unfähig, überhaupt eine engere persönliche Beziehung einzugehen.

- Sadomasochistische Fixierungen und Lust am Quälen anderer.

Schließlich können die Gewaltidentifikationen auch lustvoll aufgeladen und pervers fixiert werden. Häufig kommt es dann zu einer wiederholten Reinszenierung der Dynamik, aber mit einer Umkehrung von Täter und Opfer. Die Freude am Leiden des anderen bestätigt die eigene Position der Überlegenheit und schützt so vor Ängsten und einem Zusammenbruch des Kohärenzgefühls.

Eine wirkliche Bewältigung gelingt jedoch im Rahmen dieser Gewaltfixierungen nicht, sondern nur dann, wenn die Scham und die erlebte Ausstoßung aus dem sozialen Kontext, die durch die sadistische Misshandlung und Demütigung erfolgt, bearbeitet und rückgängig gemacht werden können. Die Scham über das Erlebte ist ein regelmäßiger Begleiter solchen Erlebens. Folteropfer und Überlebende von Konzentrationslagern berichten unisono, dass sie sich aus der Gesellschaft ausgeschlossen fühlen und dass dieses Gefühl auch nach der Befreiung teilweise bestehen bleibt. »Die

Person, die bisher dies oder das war, ist jetzt ein Körper, den jemand an sich reißt, um über ihn zu verfügen; oder, im Extrem, jemand ist nur noch zerstörbares Fleisch. Das ist es, was einer erlebt, dem Gewalt angetan wird, und das ist es, was der Dritte sieht, der die Gewalttat sieht. Das Opfer verliert in der Reduktion auf Zerstörbarkeit seine Sozialität« (Reemtsma 2008, S. 480). Daher muss eine Restitution vor allem über eine Wiederherstellung der sozialen Einbindung des Opfers erfolgen. Im Film ist es die abenteuerliche Inszenierung des Prozesses, der vordergründig die Verhältnisse auf den Kopf stellt, indem die angeklagten Mörder freigesprochen werden, tatsächlich aber dazu führt, dass die Verbrechen Nokes öffentlich benannt und als solche gekennzeichnet werden. Die Veröffentlichung dessen, was passiert ist, und die Feststellung, was Recht und was Unrecht ist, vermindert die Scham und trägt so zur Wiederherstellung der Sozialität des Opfers bei. Wenn dies, wie in der Psychotherapie, verknüpft wird mit einem Verstehen der inneren Not und Dynamik der Abwehrprozesse, kann es tatsächlich zu einer Reintegration kommen.

Fallgeschichte Jonas, 25 Jahre:

Der 25-jährige Jonas provozierte seit Jahren mit Gewaltfantasien, die er mit Genuss gegenüber anderen ausbreitete. Bei mir geriet er auf Nachfrage meinerseits ins Schwärmen darüber, wie schön es wäre, einen Menschen zu quälen und dann zu schlachten. Er war in desolaten Verhältnissen aufgewachsen, äußerlich missgestaltet und suchte dies durch extrem auffällige Kleidung zu kompensieren. Auch die Gewaltfantasien verstand ich als fehlgeleiteten Versuch, sich seiner Potenz und Identität zu versichern und sich damit interessant zu machen. Zugleich wurde aber deutlich, dass er nach und nach immer tiefer in diese Form der »Problembewältigung« hineingeraten war und im Zusammenhang mit seinen Schwierigkeiten, Freundschaften zu jungen Frauen aufzubauen, auch zu gewalttätigen und obszönen Handlungen neigte. Es war zu befürchten, dass sich die Rigidität seiner psychischen Organisation in einer typischen Negativspirale weiter verfestigte, sofern die narzisstische Problematik nicht gelöst würde. Ein weiterer Rückzug aus altersgerechten Beziehungen, eine zunehmende Unfähigkeit zu altersgerechten sexuellen Kontakten und eine Verfestigung des negativen Selbstbilds und der Fixierung auf destruktive Gewalt wären dann die Folge.

Fallgeschichte Johannes, 12 Jahre:

Johannes wurde im Alter von 12 Jahren in unserer Kinderstation aufgenommen, weil er in der Schule und zu Hause heftige Wutanfälle hatte, teilweise mit sehr brutalem Verhalten. Zu Hause reagiere er in dieser Weise, so die Eltern, wenn er Verbote bekomme oder Enttäuschungen erlebe. Dann zerstöre er in seiner Wut auch Dinge. Das Verhältnis zwischen dem Stiefvater und Johannes sei beiderseits sehr angespannt. Außerdem bestehe eine ausgeprägte Geschwisterrivalität gegenüber den acht und zehn Jahre jüngeren Halbbrüdern, die von Johannes immer wieder sehr aggressiv behandelt würden. Es gebe heftige Auseinandersetzungen mit der Mutter, und Johannes habe auch größere Geldbeträge gestohlen. In der Schule hatte sich die Situation so weit zugespitzt, dass Johannes aus der Schule ausgeschlossen werden sollte.

Ich sprach mit ihm über seine Situation und schlug ihm ein Zeichenspiel vor, bei dem jeder von uns abwechselnd einen Kritzel auf ein Blatt Papier machen sollte und der jeweils andere dann etwas daraus malen dürfe. Beim nächsten Blatt wechselt man. Johannes fing nach meinem Kritzel sofort zu zeichnen an. »Das war alles mal überflutet, ein Piratenschiff, und dann ist es untergegangen im Sturm. Das ist jetzt unter Wasser. Das sind Steine (er zeigt auf die spitzen, schwarzen Dornen unten am Grund des Meeres), da ist es draufgekracht und auseinandergebrochen. Und da ist noch ein Skelett, und da schwimmen Piranhas herum. Da liegt noch ein Säbel und ein Beil. Und da ist noch eine Quelle und ein Abfluss, wo es in einen unterirdischen See geht.« Johannes stieg also sofort mit dem ersten Bild in sein Thema ein. Offensichtlich waren überall Chaos, Zerstörung, Gefahr und Gewalt in einer beengten Situation, aus der es kein Entrinnen mehr gab. Eine Situation ähnlich der, in der er sich offenbar auch verfangen hatte. Insgeheim aber waren da noch diese Quelle und der Abfluss zu einem unterirdischen See. Für mich war unmittelbar deutlich, dass er mir damit eine andere Seite seiner selbst andeutete, die unter der Aggressivität, Destruktivität und Verzweiflung vorhanden sein mochte. Vielleicht sogar ein Stück Hoffnung?

Er malte in den folgenden Bildern immer weiter aggressiv-destruktive Fantasien aus: Schätze und Räuber, die den Schatz rauben

wollten, und weitere Stacheln, von denen die Räuber aufgespießt wurden, sodass sie nunmehr nur noch als Skelette herumhingen. Er malte eine alte Keltenburg. Die Römer hätten die Keltenburg niedergemacht. Da gebe es Stacheln, und in die seien die Römer hineingeknallt. Die Römer seien böse gewesen, hätten die ganze Welt erobern wollen, und die Germanen hätten sie schließlich besiegt. Meine etwas hilflosen Versuche, seine immer weiter ausufernde Destruktivität zu begrenzen, erwiesen sich zunächst als wirkungslos. Im Gegenteil, er lachte auf und begann, von verschiedenen Filmen zu erzählen, in denen Leute auf Pfählen aufgespießt wurden. Er kam auf den Film »Armageddon« zu sprechen und erzählte von einem Asteroiden, der in Paris eingeschlagen habe.

Erst als ich nach einiger Zeit erwähnte, dass dies traurige Geschichten seien, sprach er einen Moment davon, wie viele Menschen jeden Tag an Aids sterben. Erneut erging er sich aber sofort wieder in destruktiven Fantasien. Sie ermöglichten ihm, eine kurze Wahrnehmung von Gefühlen tiefer Depression und damit verknüpfter Ängste abzuwehren. Er war aber immerhin in der Lage, diese Seite seines inneren Erlebens kurz aufzugreifen, als sie von mir angesprochen wurde. Nach einer weiteren Intervention meinerseits beruhigte er sich und begann, in seinen Bildern eine ganz andere weiche und verletzliche Seite seiner selbst darzustellen: Er malte unter anderem ein Gummibärchen und sagte man müsse aufpassen, dass keiner drüberfahre oder keiner es esse. Vor diesem Hintergrund wunderte es mich nicht, dass ich nachträglich erfuhr, dass Johannes immer wieder Suizidgedanken gehabt hatte; er habe u. a. daran gedacht, sich die Pulsadern aufzuschneiden. Früher habe er bereits einmal einen Strick mit Henkersknoten an einem Balken befestigt und überlegt, sich daran zu erhängen.

Im Zuge seiner intensiven stationären Behandlung konnte Johannes nach und nach auf sein dissoziales und aggressiv-destruktives Verhalten verzichten. Er war zunehmend besser in der Lage, mit Enttäuschungen umzugehen. Auch schwierige Situationen im All-

*tagsleben mit anderen Kindern konnte er anders als früher lösen,
sodass er am Ende der Behandlung sehr viel stabiler war und sich
in ganz anderer Weise mit inneren Prozessen von Enttäuschung und
Trauer, mit Verlustängsten und dem Gefühl, nicht geliebt zu werden,
auseinandersetzen konnte.*

Für eine mögliche Nutzanwendung lässt sich also festhalten:

1. Ein Ausloten der Grenzen, bei dem auch Gewaltidentifikationen, zumal wenn sie in eine Gruppenkultur eingebunden sind, eine gewisse Rolle spielen, ist im adoleszenten Entwicklungsprozess als normal, ja sogar bis zu einem gewissen Grad notwendig für die Entwicklung anzusehen. Gefährlich werden die Gewaltidentifikationen für die weitere Entwicklung, wenn sie nicht flexibel bleiben, sondern sich gewalttätig verfestigen. Aus dieser Erkenntnis folgt, dass es durchaus lohnend ist, Jugendlichen Identifikationsangebote zu machen, mit deren Hilfe sie Aggression und das Ausloten von Grenzen sozial verträglich organisieren können. In diesem Zusammenhang spielen zum Beispiel Sportangebote eine große Rolle. Bei Mannschaftssportarten wie Fußball geht es nämlich ganz offensichtlich um Aggression und das Einhalten von Regeln. Genauso kann man aber die Ausübung jeder anderen Sportart unter solchen Gesichtspunkten verstehen. Beim Klettern geht es beispielsweise um die Überschreitung von Grenzen, die nur gelingt, wenn genügend Biss, also Aggressivität, mit einem Einhalten der Regeln einhergeht. Alles andere führt zum – schlimmstenfalls tödlichen – Scheitern.

2. Es lässt sich eine klare Grenze ziehen zwischen »einfacher«, meist spontaner, und begrenzter Gewalt im Erzie-

hungsprozess und sadistischer Missachtung der Rechte des anderen. Ersteres ist entgegen mancher anders lautender Vorstellungen nicht nur nicht hilfreich, sondern auch abzulehnen, kann aber aus dem Affekt heraus erfolgen, weil wir uns alle nicht in jeder Situation vollkommen unter Kontrolle haben. Letzteres dagegen ist außerordentlich nachteilig für die Entwicklung, selbst wenn glücklicherweise nicht alle Betroffenen schwere Schäden davongetragen haben. Diese Unterschiede sollten wir berücksichtigen und entsprechenden Beschwichtigungs- und Rechtfertigungsstrategien misstrauen, um derartige Formen der Gewalt wirksam eingrenzen zu können.

Ein Beispiel aus der im Jahr 2010 aufgekommenen Debatte um sexuellen Missbrauch und sexuelle Gewalt im institutionellen Kontext sei herausgegriffen. Ein katholischer Bischof behauptete nach entsprechenden Anschuldigungen von Opfern, dass er während seiner Zeit als Stadtpfarrer Kindern eines katholischen, von Nonnen geleiteten Kinderheimes nur einige Ohrfeigen gegeben, niemals aber Gewalt gegen Kinder angewandt habe. Derartige Erziehungsmethoden seien damals (in den 60er- und 70er-Jahren) üblich gewesen. Tatsächlich machte er mit dieser Verteidigungsstrategie, die scharf zwischen den beiden oben genannten Formen der Gewalt unterschied, entgegen dem ersten Anschein deutlich, dass er selbst sehr wohl zwischen sadistischer Gewalt und »einfacher« Gewalt zu unterscheiden vermochte. Das eigentlich Erschreckende war die Skrupellosigkeit, mit der er, für das Letztere auf ein gewisses Verständnis rechnend, seine sadistische Gewaltanwendung (Stockschläge auf den nackten Hintern, Schläge mit Gürtel, Faustschläge etc.) zu verdecken suchte und die Opfer der Lüge bezichtigte. Immerhin musste er daraufhin zurücktreten.

3. Sadistische Gewalt kann und muss moralisch und strafrechtlich dem Täter (sei es der erwähnte Bischof, sei es ein Familienvater oder ein Fremder) zugeordnet werden, der dafür zur Rechenschaft zu ziehen ist. Dies hat, sofern der (justizielle) Prozess angemessen durchgeführt wird, meist eine stabilisierende Auswirkung auf das Opfer. Die Klärung von Schuld und Verantwortung für das Geschehen stärkt die Überzeugung des Opfers, sich der Gemeinschaft wieder zugehörig fühlen zu können.

Zugleich muss auch die strukturelle Komponente sadistischer und sexualisierter Gewalt bedacht werden. Die erwähnte Debatte machte erneut deutlich, wie sehr ideologisch verfestigte, nach außen abgeschottete Strukturen innerhalb und außerhalb kirchlicher Zusammenhänge derartige Gewaltexzesse erst ermöglichten. Die Angst vor dem Reputationsverlust der Institution und die ideologische Überhöhung der eigenen Mission, die sozusagen jedes Opfer rechtfertigt, ging mit einem Wegschauen und feigen Sich-Beruhigen der Mitwisser ein unheilvolles Bündnis ein. Dagegen hilft nur: Hinschauen, Zivilcourage, offene Diskussion von Fehlentwicklungen und Verkrustungen, systematisches Implementieren von Kontrollmechanismen. Dies gilt im Übrigen in ganz ähnlicher Weise auch für den Umgang mit sadistischer und sexualisierter Gewalt in Familien.

8 Wie Männer und Frauen mit Gewalt umgehen

Gewalt nach außen – Gewalt nach innen

Körperliche Gewalt gegen andere Menschen ist nach wie vor ein überwiegend männliches Phänomen. Weibliche Jugendliche und Heranwachsende haben jedoch ebenso wie junge Frauen im Laufe der letzten 20 Jahre bei Gewaltdelikten prozentual deutlich und konstant im Vergleich zu männlichen Gewalttätern zugelegt. Form und Intensität der Gewaltausübung von Mädchen und jungen Frauen sind im Begriff, sich denen männlicher Gewalt anzugleichen. Dieser Prozess führte bisher allerdings nicht dazu, dass diese erheblichen Unterschiede verschwunden wären. Die bisher starke Vorherrschaft des männlichen Geschlechts in Bezug auf offene Gewaltausübung spiegelt sich selbstverständlich, man könnte sagen noch ausgeprägter, in den Medien, insbesondere in Filmen wider. In den meisten Filmen wird männliche Gewalt thematisiert. Stark ausgeprägt ist das Vorherrschen männlicher gewalttätiger Protagonisten nach wie vor in Actionfilmen, die früher überwiegend von männlichen Jugendlichen und Erwachsenen angesehen wurden. Es hat jedoch ein Nivellierungsprozess der geschlechtsspezifischen Konsumgewohnheiten eingesetzt, der dazu führte, dass Gewaltfilme heute zunehmend auch von Mädchen angesehen werden und diese prozentual mittlerweile fast gleichgezogen haben. Bei den beiden Filmen aus dem Jahr 2008, die ich in diesem Buch diskutiere, waren die Besucherrelationen folgende: für »Krabat« 48 Prozent männlich gegenüber 52 Prozent weiblich, für »Dark Knight« 60 Prozent männlich versus 40 Prozent weiblich bei einer Gesamtverteilung der Kinobesucher im Jahr 2008 von 46 Prozent männlich zu 54 Prozent weiblich (Nörenberg 2009).

Wenn man annimmt, dass Mädchen und Frauen genauso wie Jungen und Männer mit Konflikten beschäftigt sind, die um die Themen Demütigung und Kränkung, Hilflosigkeit, Ohnmacht, Macht, Wut, Rachewünsche, Selbstwertprobleme und Wünsche nach Anerkennung kreisen, stellt sich die Frage, wie die Unterschiede der Geschlechter bei der Anwendung offener Gewalt und Aggressivität zu erklären sind.

Ein wichtiger Unterschied besteht darin, dass Mädchen und Frauen sehr viel häufiger – mittlerweile gilt dies aber nicht mehr durchgängig – psychische Dispositionen, wie sie in den vorangegangenen Kapiteln erörtert wurden und die bei Männern nicht selten zu gewalttätigem Verhalten führen, nicht nach außen, sondern gegen sich selbst wenden. Nicht der andere wird gewaltsam attackiert, verletzt, gequält oder unter Missachtung seiner legitimen Interessen aggressiv dominiert, sondern die Aggression und Gewalt wird gegen den eigenen Körper oder die eigenen psychischen Funktionen gerichtet. Selbstverletzungen, Schlafmittelmissbrauch, Essstörungen und ähnliche Verhaltensweisen sind bei Frauen viel häufiger als bei Männern ein ernsthaftes Problem. Depressionen, unter denen Frauen öfter als Männer leiden, können unter dieser Perspektive ebenfalls als eine Wendung der Wut gegen sich selbst verstanden werden. Auch dissoziative Abwehrformen, etwa dissoziative Dämmerzustände, dissoziative Bewusstseinstrübung oder der Ausfall von Sinneswahrnehmungen, die die eigenen Wahrnehmungs- und Verarbeitungsfunktionen angreifen, treten bei Mädchen und Frauen sehr viel häufiger auf und können dieselbe psychische Funktion übernehmen wie Aggressivität. Dissoziationen sind Störungen, die zu einem teilweisen oder völligen Verlust von psychischen Funktionen wie des Gedächtnisses, eigener Gefühle und Empfindungen, der Sinneswahrnehmungen oder der Kontrolle von Körperbewegungen führen. Diese dissoziativen Phänomene übernehmen in ihrer das psychische Gleichgewicht stabilisierenden Funktion in gewisser Weise die Rolle von Gewaltidentifikationen.

Wie bereits erwähnt, sind die psychischen Mechanismen der Gewaltentstehung bei Mädchen und Frauen denen bei Jungen und Männern durchaus ähnlich. Allerdings ist die Tendenz, sich phallisch gewalttätig zu präsentieren, wesentlich geringer. Narzisstische Problematiken – in normaler wie in pathologischer Ausprägung – werden bei Frauen im Vergleich zu männlichen Jugendlichen und Erwachsenen sehr viel weniger über phallische Attribute, sondern vielmehr über eine narzisstische Besetzung des Körpers ausgetragen. Während Jungen und Männer oft stark dazu neigen, sich mit Waffen aller Art, Symbolen der Dominanz und Stärke, schnellen Fahrzeugen und großartigen, kraftstrotzenden technischen Geräten zu schmücken und zu beschäftigen, sind Mädchen eher an der Erscheinung des eigenen Körpers, seiner Attraktivität und der dadurch zu erringenden Anerkennung interessiert. Macht und Einfluss sind so enger mit der Ausstrahlung und dem Erleben des eigenen Körpers verknüpft, während sie bei Männern eher als Resultat der eigenen oder »geliehenen« Stärke aggressiv nach außen behauptet werden. Dies trägt umgekehrt zu der geringeren Gewaltbereitschaft von Frauen nach außen hin bei.

Dabei sind Rollenklischees von großer Bedeutung. Die Unterschiede im Umgang mit inneren Dispositionen, in der Inszenierung der inneren Regulation nach außen sind notwendigerweise in einen sozialen Kontext eingebunden und erschließen sich nur in solchen sozialen Zusammenhängen. Sie eignen sich geschlechtsspezifisch für eine Verarbeitung innerer Spannungs- und Konfliktzustände, weil ihre Bedeutung sozial organisiert ist und sie daher auch für eine Selbstvergewisserung tauglich erscheinen. »Ich bin der, als der ich mich gemäß dieser oder jener Rolle geschlechtsspezifisch definiere.« »Ich bin ein harter und aggressiver Kerl, der keine Schwäche fürchten muss.« »Ich bin eine attraktive junge Frau, die ihre Kränkungen überwunden hat.« So hat zwar eine Angleichung im Konsum von gewalthaltigen Filmen zwischen Frauen und Männern stattgefunden, der Konsum von Fernsehformaten, in denen eine narzisstische Besetzung des Körpers einer der zentralen Inhalte ist, ist jedoch nach wie vor von Geschlechtsunterschieden mit einem deutlichen Überwiegen des weiblichen Geschlechts gekennzeichnet. Diese Formate haben in Bezug auf das Angebot narzisstischer Identifikationen bei Mädchen und Frauen eine ähnliche Bedeutung wie bei Jungen und Männern Gewalt- und Actionfilme.

Es gibt allerdings eine andere Form der narzisstischen Besetzung des Körpers, die auch für Jungen und Männer attraktiv ist, vielleicht, weil diese Formen der Körperbesetzung näher mit Bildern von Gewalt verknüpft sind: die narzisstische Vorstellung vom Körper als etwas, das unverletzlich sei. Angstvolle Fantasien über den eigenen Körper, dysmorphophobe Ängste, d.h. Ängste, die sich auf Verletzungen, Veränderungen und Verunstaltungen des Körpers beziehen, wie sie Franz Kafka albtraumhaft in seiner Kurzgeschichte »Die Verwandlung« formulierte, in der sich der Erzähler in einen Käfer verwandelte, haben mit dem Erleben des eigenen Ausgeliefertseins zu tun. Diese Gefühlslage kann, wie bei Adoleszenten, stark der psychischen Auseinandersetzung mit den körperlichen und seelischen

Veränderungen in der Pubertät entstammen, die vom Jugendlichen zunächst als unbeherrschbar und bedrohlich wahrgenommen werden. Der Körper und seine unkontrollierbare (sexuelle) Aktivität müssen erst wieder in Besitz genommen werden. Dieses Erleben kann aber auch durch äußere Bedrohungen, durch Gewalt, durch damit verbundene Gefühle von Ohnmacht und Hilflosigkeit ausgelöst werden. Der Mensch ist damit konfrontiert, dass der Körper verletzbar und gebrechlich ist und ohne Weiteres von anderen zerstört werden kann. Maschinenmenschen-Fantasien, Stählerne-Helden-Fantasien, Schönheitsideale, die Stilisierung des Körpers durch Kleidung, Gestik, Tätowierung und Piercing – all das hat mit dem Versuch zu tun, Ängste zu bannen und über das Körperbild eine Identität zu gewinnen. Gewalt, so könnte man als narzisstischen Kontrapunkt formulieren, kann dem unverletzbaren Körper nichts anhaben. Gefühle von Ohnmacht und Ausgeliefertsein können auf diese Weise beruhigt werden.

In dem Film »Terminator« ist dies ein wichtiges Motiv. Der Terminator ist ein Roboter von menschlicher Gestalt, jedoch durch einen Panzer geschützt und dadurch nahezu unverwundbar. Nur an der Außenseite erscheint die menschliche Oberfläche. In diesem Film gibt es eine beeindruckende Szene, in der die Verletzlichkeit des Körpers grandios abgewehrt wird. In dieser Szene zieht sich der Terminator nach einem schweren Unfall in sein Zimmer zurück: Ein Auge und eine Hand sind schwer verletzt. Er schneidet selbst mit dem Skalpell seinen Unterarm auf. Sichtbar wird unter dem blutenden Gewebe der Haut und der Unterhaut das Stahlgestänge, das die Finger bewegt und das er selbst wieder in Ordnung bringt. Die Verletzung des Auges wird von ihm ebenfalls selbst behandelt. Er schneidet einfach den Augapfel heraus, und fortan funktioniert die Kamera- und Scanner-Linse dieses Auges problemlos auch ohne die menschliche Oberfläche.

Solche Fantasien über die Unverwundbarkeit des Körpers bzw. über die Reduzierung des Körpers auf seine reine Funktionalität treten in der Adoleszenz häufig auf. Sie spielen bei vielen psychischen Krisen und Erkrankungen in dieser Lebensphase eine erhebliche Rolle in der psychischen Organisation und werden viel zu wenig beachtet.

Ein weiterer Mechanismus, der bei Mädchen nicht selten vorkommt, ist die Projektion aggressiver Gewalt auf Jungen. Die eigene unbewusste Destruktivität wird projiziert auf die Destruktivität der in der Regel männlichen Gewalttäter. Die Gewalt der gleichaltrigen Jugendlichen wird von Mädchen häufig mit einer Mischung aus Angst, Ablehnung und heimlicher Bewunderung betrachtet. Ich habe dies an anderer Stelle mit dem Begriff der »identifikatorischen Projektion« bezeichnet. Die Bewunderung für den skrupellosesten Kerl der Gruppe bei gleichzeitiger milder Ablehnung seines Handelns ermöglicht eine gewisse äußere Distanzierung von der Gewalt und zugleich eine heimliche, unbewusste Identifikation. Auf diese Weise können die aggressiv-destruktiven Impulse durch ihre Projektion auf einen anderen entschärft werden, da sie als etwas Äußeres, nicht zu mir selbst Gehöriges erlebt werden. Das macht sie ungefährlicher, befreit von Schuld- und Schamgefühlen und ermöglicht so – ohne sich in Gefahr zu begeben – die stellvertretende Befriedigung derartiger aggressiver Bedürfnisse in der Fantasie. Dieser Mechanismus der »identifikatorischen Projektion« ist im Übrigen weit verbreitet. Er spielt beim Konsum von medialen Darstellungen realer oder fiktiver Gewalt und dem dabei empfundenen Genuss eine große Rolle. Wenn wir uns intensiv mit sensationellen Gewaltereignissen in den Medien beschäftigen, oder wenn wir den Tendenzen nach harter Bestrafung schrecklicher Gewalttaten unreflektiert und lustvoll nachgeben, hat das mit derartigen heimlichen Identifikationen zu tun.

Schließlich ist anzuführen, dass ein soziokulturell geprägter Unterschied zwischen Männern und Frauen im Hinblick auf ihr jeweiliges Verhältnis zur Gewalt darin besteht, dass Männer stärker zu Formen der Gewalt tendieren, die offensichtlich sind, etwa die, die körperliche Integrität bedrohen. Dagegen beherrschen Frauen die subtilen Formen von Machtausübung, Einflussnahme, Dominanz und Kontrolle sicherlich ebenso wie Männer. Die zugrundeliegenden seelischen Motive mögen dabei ganz ähnlich sein, so, wie ich sie in den vorangehenden Kapiteln beschrieben habe. Es mag sein, dass die weibliche Psyche in dieser Hinsicht etwas differenzierter und komplexer strukturiert ist.

Die Konsequenz aus diesen Erkenntnissen ist eine zweifache: Zum einen müssen wir uns darauf einstellen, dass Mädchen und junge Frauen zunehmend Formen der Aggression und Gewalt entwickeln, die früher im Wesentlichen männlichen Individuen vorbehalten waren. Wir müssen daher auch eigene Konzepte zur Gewaltprävention bei Mädchen und zur Resozialisierung gewalttätiger Mädchen und Frauen erarbeiten.

Zum anderen ist es notwendig, die Wut, die Frauen gegen sich selbst richten, unter dem Aspekt der Gewalt zu sehen. Ich schlage dies nicht vor, um die Opfer ihrer eigenen Aggression und oft auch vorangehender fremder Gewalt zu Täterinnen zu stempeln. Ich bin jedoch überzeugt davon, dass diese Gewalt gegen sich selbst besser zu begrenzen und zu behandeln sein wird, wenn sie als verzweifelter – und leider weitgehend misslingender – Versuch verstanden wird, mit diesen meist traumatisch entstandenen Gewaltidentifikationen umzugehen. Um sie dennoch nicht gegen andere richten zu müssen, wird das Wüten gegen sich selbst gerichtet. In tragischer Weise reinszenieren diese Frauen die Gewalt, die sie erlebt haben, an sich selbst. Sie sind so in ein und derselben Handlung mit der Position des Opfers und der des Täters identifiziert, ohne je zum eigentlichen Subjekt ihrer Handlungen werden zu können.

9 Gewalt als soziales Ereignis

Wie gesellschaftliche Rahmenbedingungen Gewalt auslösen

Der amerikanische Psychologe Stanley Milgram führte 1961 ein Experiment durch, bei dem Versuchspersonen angewiesen wurden, an der Untersuchung des Zusammenhangs zwischen Bestrafung und Lernerfolg mitzuwirken. Der Versuchsperson wurde in eindrucksvoller Weise vorgegaukelt, dass der vermeintliche Schüler auf einer Art elektrischem Stuhl sitze. Die Versuchsperson wurde angewiesen, diesem bei jedem Fehler einen elektrischen Schlag zu versetzen, wobei die Spannung nach jedem Fehler um 15 Volt erhöht würde. Der angebliche Schüler war ein Schauspieler, der genaue Instruktionen hatte. Er verlangte bei zunehmender Spannungsstärke, ihn loszubinden, da er die Schmerzen nicht mehr aushalte. Schließlich wurden ab 200 Volt Schreie, »die das Blut in den Adern gefrieren lassen«, vom Tonband abgespielt usw. Das erschreckende Ergebnis war, dass auf Aufforderung des Versuchsleiters hin nur 14 Personen das Experiment abbrachen, davon keiner unter 300 Volt, dagegen 26 Personen das Experiment bis zur maximalen Spannung von 450 Volt durchführten. In weiteren Versuchen variierte Milgram (1974) die Rahmenbedingungen und stellte fest, dass die Anwesenheit des Versuchsleiters den Gehorsam der Versuchsperson deutlich erhöhte, während der direkte Kontakt zum angeblichen Schüler mehr Versuchspersonen zum Abbruch bewegte. Milgram zog die Schlussfolgerung, dass das Hauptergebnis der Studie die extreme Bereitschaft erwachsener Menschen sei, einer Autorität fast beliebig weit zu folgen. Geschlossen wurde auch, dass die Bereitschaft zu Gehorsam dann besonders groß sei, wenn die Delegation der Verantwortung auf eine Institution möglich werde, wie dies insbesondere in staatlichen Terrorsystemen regelmäßig der Fall ist.

Ein zweites Experiment zeigte, dass in ähnlich dramatischer Weise menschliches Verhalten unter bestimmten Gruppenbedingungen rasch in Destruktivität und sadistische Quälerei umschlagen kann: das 1971 durchgeführte Stanford-Prison-Experiment von Philip Zimbardo. Er wählte 24 möglichst »normale« Studenten für dieses Experiment aus und teilte die Teilnehmer zufällig zwei Gruppen zu: der der Wärter und der der Gefangenen. Die »Gefangenen« wurden einige Tage später von echten Polizisten zu Hause wegen bewaffneten Raubes verhaftet und in als Gefängnisräume eingerichtete Kellerräume im Psychologischen Institut der Stanford Universität verbracht. Die »Gefangenen« wurden einer entwürdigenden Behandlung unterzogen, mit Gefängniskleidung und Ketten versehen und erhielten statt ihrer Namen Nummern. Die »Wärter« bekamen Gummiknüppel und verspiegelte Sonnenbrillen. Die Einrichtung der Zellen war spartanisch. Rasch demonstrierten die »Wärter« den »Gefangenen« ihre absolute Macht. Am zweiten Tag brach ein Aufstand aus, der mit Feuerlöschern von den »Wärtern« niedergeschlagen wurde. Danach demütigten und quälten die »Wärter« die »Gefangenen«, verweigerten ihnen Essen und den Gang zur Toilette. Rasch eskalierte das Experiment, etwa ein Drittel der »Wärter« zeigte sadistische Verhaltensweisen, insbesondere, wenn sie vermuteten, dass die Überwachungskameras abgeschaltet waren. Mehrere »Gefangene« erlitten emotionale Zusammenbrüche, die meisten versuchten die Situation durch Anpassung und Unterwer-

9 Gewalt als soziales Ereignis

fung auszuhalten. Das Experiment musste nach sechs Tagen wegen dieser Eskalation und der Feststellung, dass auch die Versuchsleiter ihre Objektivität verloren hatten, vorzeitig abgebrochen werden.

Zimbardo schloss daraus, dass menschliche Aggressivität und Destruktivität extrem stark durch situative Einflüsse erzeugt und handlungsleitend werden, und wandte sich vehement gegen die gängige Überzeugung, dass derartige Exzesse durch die Destruktivität Einzelner erklärbar seien. Sie seien vielmehr Folgen eines institutionellen Machtapparates, der durch Ideologien legitimiert werde. »Unsere jungen Probanden waren nicht die sprichwörtlichen ›faulen Äpfel‹ in einem ansonsten guten Fass. Vielmehr hatte unser Versuchsaufbau sichergestellt, dass sie anfänglich gute Äpfel waren, die von der heimtückischen Macht des schlechten Fasses – des Gefängnisses – korrumpiert wurden. Natürlich war unser Stanford-Prison im Vergleich zum bösartigen, ja tödlichen Charakter echter ziviler und militärischer Gefängnisse relativ harmlos. Die Veränderung der Gedanken, Gefühle und Verhaltensweisen unserer freiwilligen Teilnehmer waren die Folge bekannter psychischer Prozesse, die in vielerlei Situationen in vielfältiger Weise auf jeden von uns einwirken, wenn auch weniger intensiv, penetrant und unerbittlich. Sie waren eingebettet in ›eine totale Situation‹, die sich massiver auswirkte als die meisten alltäglichen Situationen, denen wir uns regelmäßig freiwillig aussetzen« (2008, S. 225).

Gewalt ist nur durch eine mehrdimensionale Perspektive zu verstehen. Wir beschäftigten uns in den verschiedenen Kapiteln dieses Buches vorwiegend mit den psychischen Mechanismen, die zur Entstehung von Gewalt führen können. Dabei war festzustellen, dass bei dieser Konzentration auf die psychische Dimension der Gewalt soziale und Gruppenprozesse nicht außer Acht gelassen werden können, wenn man zu einem umfassenden Verständnis von Gewalt kommen will. Entsprechend der Schwerpunktsetzung dieses Buches geht es in diesem Kapitel, das sich der sozialen Dimension der Gewalt widmet, vorwiegend um sozialpsychologische Einflussfaktoren. Es ist nicht der Anspruch, an dieser Stelle die sehr interessante, reichhaltige und umfangreiche kriminologische und soziologische Literatur zum Phänomen der Gewalt darzustellen. Dies würde den Rahmen dieses Buches sprengen, und schon gar nicht könnte man dies in einem Kapitel zusammenfassen. Ich diskutiere in diesem Kapitel einige Befunde zur Bedeutung sozialer Einflüsse auf die Gewaltbereitschaft von Menschen, ziehe dazu experimentelle wie auch theoretische Literatur heran und illustriere diese Einflüsse an Beispielen.

Bereits in den diskutierten Filmen war verschiedentlich deutlich geworden, dass der Einfluss sozialer Faktoren und der Einfluss von Gruppenmechanismen auf Gewaltausübung nicht zu unterschätzen ist. Etwa in »Krabat«, in dem die neu eintretenden Jugendlichen durch ein komplexes Ritual auf die Macht des Meisters, den Gruppenzusammenhalt und damit auch auf die Gewalt eingeschworen wurden. Sie konnten sich nur schwer aus dieser Fixierung befreien. In »Sleepers« und in »A Clockwork Orange« entwickelte sich die Gewaltdynamik aus der Gruppe der Jugendlichen heraus. Die damit verknüpften Gruppenprozesse bei Gewalttaten Jugendlicher wurden dargestellt. Andererseits konnte der sadistische Aufseher Nokes in »Sleepers« die Jugendlichen nur deswegen so gewalttätig demütigen und körperlich und sexuell misshandeln, weil die Struktur der Institution dies zuließ oder sogar anbot und kaum einer seiner Kollegen einschritt. Im Batman-Film schließlich kam es zu einer Entgegensetzung legitimierter und nicht legitimierter Gewalt, wobei auch da mit dem Phänomen der Massenhysterie angesichts der Gewaltdrohung gespielt wurde: Der Joker arrangierte eine Situation, in der eine Fähre mit Tausenden von Bürgern und eine Fähre mit Hunderten von Gefangenen für die jeweils andere Fähre den Zündmechanismus einer Bombe besaßen, sodass ein starker sozialer Druck dahingehend entstand, die jeweils andere Fähre als erste in die Luft zu jagen, um selbst verschont zu bleiben.

Es ist also im Umkehrschluss keineswegs so, dass Gewalttaten und Destruktivität vorwiegend kranken Gehirnen entspringen. Eine Vielzahl experimenteller Befunde, wie die eingangs dieses Kapitels erwähnten und die Analysen furchtbarer Gewaltexzesse, wie beispielsweise der des Holocaust, haben gezeigt, dass völlig normale Menschen unter dem Einfluss entsprechender Rahmenbedingungen zu entsetzlichen Brutalitäten fähig sein können. Hannah Arendt war eine der Ersten, die uns diesen Befund aus ihrer Beobachtung des Prozesses gegen Adolf Eichmann, der wegen Verbrechen gegen die Menschlichkeit angeklagt war, erschreckend zu Bewusstsein brachte. In ihrem Buch »Eichmann in Jerusalem: Ein Bericht von der Banalität des Bösen« (1986) machte sie deutlich, dass Eichmann trotz seiner bestialischen Taten psychiatrisch völlig normal war:

»Das Beunruhigende an der Person Eichmanns war doch gerade, daß er war wie viele und daß diese vielen weder pervers noch sadistisch, sondern schrecklich und erschreckend normal waren und sind. Vom Standpunkt unserer Rechtsinstitutionen und an unseren moralischen Urteilsmaßstäben gemessen, war diese Normalität viel erschreckender als all die Greuel zusammen genommen, denn sie implizierte ..., dass dieser neue Verbrechertypus ... unter Bedingungen handelt, die es ihm beinahe unmöglich machen, sich seiner Untaten bewußt zu werden« (1986, S. 276).

Zimbardo beschäftigte sich auch nach seinen Experimenten in Stanford weiterhin mit sozialen Einflussfaktoren, die zu Gewalt in Gruppen führen können. Intensiv untersuchte er die Situation in Abu Ghraib, wo im Herbst 2003 irakische Gefangene systematisch erniedrigt und gefoltert wurden. Zimbardo arbeitete heraus, dass die Verantwortung für die sadistischen Misshandlungen der irakischen Gefangenen durch amerikanische Militärpolizisten bei der militärischen Führungsspitze zu lokalisieren war (2008). Im Gegensatz dazu wurden die menschenverachtenden Quälereien in Abu Ghraib von der politischen und militärischen Führung rasch als das isolierte Werk einer Handvoll bösartiger und gestörter Soldaten bezeichnet.

Lynndie England, eine 17-jährige Militärpolizistin, wurde in der medialen Öffentlichkeit besonders herausgestellt. Sie wurde zum Inbegriff der Soldaten, die Gefangene missbrauchten, obwohl sie selbst keine führende Rolle innehatte (s. Abb. rechts). Ihre negative Berühmtheit hing vielmehr damit zusammen, dass sie eine Frau war und man die Tatsache ihrer Beteiligung an den sadistischen Misshandlungen der gefangenen Iraker mit einer besonderen Mischung aus Entsetzen und Sensationsgier in den Medien ausführlich darstellte. Einer der Haupttäter war Specialist Charles Graner, ihr 35-jähriger Freund und der spätere Vater ihres Kindes, der ebenfalls Militärpolizist in Abu Ghraib war. Sie selbst kam aus einer Unterschichtsfamilie, hatte eine Lernbehinderung und war schon in der Schule ein typischer Mitläufertyp. Ihr Vater misshandelte mindestens eines der Kinder in ihrer Familie.

Der Interviewer des Films über sie, »Big Storm« aus dem Jahre 2005, fragte Lynndie England, ob sie jemals gedacht habe, dass das, was sie da machte, schlecht sei und etwas sei, was sie nicht tun sollte. Sie antwortete: »Es war irgendwie so …, wissen Sie, wenn alle anderen das tun, machst du das … wissen Sie, du machst es so … wenn die dächten, dass das falsch ist, würden sie das stoppen. Daher … es war nicht richtig, aber offenbar war es nicht genügend unüblich, um es zu stoppen.« Sie äußerte, sie sei geschockt gewesen, als sie verhaftet wurde, da sie aus ihrer Sicht nur ihren Job gemacht habe.

Es gibt Belege dafür, dass der militärische Geheimdienst die Folterungen der Gefangenen anordnete, zumindest aktiv unterstützte, und die Anordnung zur Folterung der Gefangenen vermutlich vom ranghöchsten General der US-Armee im Irak, General Sanchez, kam. Präsident Bush und Verteidigungsminister Rumsfeld waren monatelang über diese Dinge informiert und unternahmen nichts. Nachdem der Skandal aufgedeckt wurde, gaben sie sich öffentlich erschüttert.

Dies alles zeigt beispielhaft, dass wir in der Regel die Erklärung für derart sadistisches Verhalten nicht in einer monströsen perversen Persönlichkeit zu suchen haben. Es reichen Gewalt- und Herrschaftsstrukturen, die in einer paranoiden Abwehr gegen äußere Bedrohungen errichtet werden und dezidiert moralische Standards und internationale Verträge außer Kraft setzen, zumal wenn eine Bedrohungsideologie hinzutritt und wenig gefestigte und instabile Jugendliche dies dann umsetzen sollen. Die Erniedrigung der feindlichen Gefangenen dient psychologisch in derartigen kriegerischen und Bedrohungszusammenhängen der Abwehr eigener Ängste und eigener Gefühle von Minderwertigkeit und Ungenügen. Indem diese Gefangenen eingeschüchtert und terrorisiert werden, wird die Minderwertigkeit projektiv an ihnen demonstriert. Dies führt aber, wie solche Abwehrprozesse meist, nicht zu einer wirklichen Beruhigung der eigenen Ängste, sondern häufig immer tiefer in eine Spirale von Angst und aggressiv-sadistischer Abwehr.

Ohne die strafrechtliche und moralische Verantwortung der unmittelbar beteiligten Soldaten in Frage stellen zu wollen, liegt die eigentliche Verantwortung für diese sadistischen Übergriffe jedoch bei der militärischen und politischen Führung, die nicht zur Rechenschaft gezogen wurde. Selbst Präsident Obama hat nach seinem Amtsantritt diesbezüglich eine absolute »Realpolitik« jenseits moralischer Kategorien verkündet, indem er klarmachte, dass die Verantwortlichen nicht strafrechtlich verfolgt werden.

Ein ganz anderes Phänomen, das aber ebenso nur verständlich wird, wenn man gesellschaftliche Prozesse und ihre Rückwirkung auf die Gewaltbereitschaft von Menschen berücksichtigt, sind die sogenannten Amokläufe, die in den letzten Jahren eine heftige öffentliche Diskussion auslösten. Auch bei den »Amoktaten« meist jugendlicher, männlicher Täter spielen sozialpsychologische Faktoren eine entscheidende Rolle. Man sollte allerdings diese Taten eher als Massenmorde oder Massaker bezeichnen, da der für die Amoktat charakteristische spontane Verlauf mit hochgradiger aggressiver Erregung fehlt. Sie werden, vor allem im angloamerikanischen Sprachraum, auch als »School shooting« bezeichnet, weil die meist jugendlichen oder jungen erwachsenen Täter häufig aus nachvollziehbaren Gründen ihre Tat dort planen und durchführen, wo ihr soziales Bezugsfeld ist: in der Schule.

Derartige spektakuläre Massenmorde sind nur durch eine Kombination persönlicher und sozialer Faktoren erklärbar. In der Regel handelt es sich bei den Tätern um Menschen, die sich chronisch zurückgesetzt und gekränkt fühlen, häufig auch Opfer von Kränkungen und sozialer Ausgrenzung waren. Nicht selten findet sich in der Vorgeschichte familiäre Gewalt. Das Gefühl und die Erfahrung, Demütigungen erlebt zu haben, verschränken sich mit einer gewissen Außenseiterposition, Störungen in der sozialen Kontaktfähigkeit und gehemmter Aggression.

Die sich daraus ergebende chronische Beeinträchtigung des Selbstwertgefühls und der soziale Rückzug führen häufig dazu, dass sich die Betreffenden intensiv mit aggressiven Inhalten beschäftigen und diese in ihrer Fantasie ausgestalten. Der exzessive Konsum von aggressiven Filmen, die völlig von der sozialen Realität und der Gleichaltrigengruppe abgekoppelte Versenkung in destruktive Computerspiele, insbesondere »Ego shooter«, Killerspiele, wird in der öffentlichen Diskussion etwas verkürzt als wesentliche Ursache angesehen. Tatsächlich ist es wohl nicht so sehr der Einfluss der aggressiven Inhalte an sich, so Reinhart Lempp (2006), sondern vielmehr das Problem, dass die betreffenden Jugendlichen sich immer weiter aus sozialen Zusammenhängen isolieren und damit immer stärker die gemeinsam geteilte soziale Realität durch eine eigene, in der Fantasie sehr gewaltsam ausgestattete Nebenrealität ersetzen. Die zunehmende Ausgestaltung aggressiver Fantasien isoliert den Täter nicht nur mehr und mehr von seiner sozialen Bezugsgruppe, sondern erlaubt ihm auch, sein schwer geschädigtes Selbstwertgefühl durch narzisstische Allmachtsfantasien scheinbar zu reparieren und seine Selbstachtung dadurch wieder herzustellen, dass er sich in seiner Fantasie als Herrscher über Leben und Tod aufspielt (Katz 1988, Robertz 2006). Die in der Nebenrealität immer weiter ausgebaute Macht ersetzt die Orientierung an der sozialen Realität, die mit allzu vielen Einschränkungen und Kränkungen aufwartet. Auf diese Weise wird die zweite, virtuelle Welt zur eigentlichen Lebenswirklichkeit. Schleichend rückt dadurch die Gefahr einer Umsetzung derart gewalttätig destruktiver Fantasien in der Realität näher, zumal jegliche Kontrolle durch bedeutsame soziale Beziehungen fehlt.

Eine fatale Rolle spielen in dem Zusammenhang die Medien, die unsere Sensationsgier zur Steigerung ihrer Leser- und Zuschauerzahlen zu nutzen wissen. Unter dem Etikett der Informationspflicht befriedigen sie unsere Sensationsgier und berichten daher bei sogenannten Amokläufen in spektakulärer Weise über die Ereignisse. Meist übertreffen die Medien, die »seriöse« Presse nicht ausgenommen, sich nach einem solchen Massenmord über Tage hinweg mit ihren detaillierten Darstellungen, Pseudoanalysen, Statements von Experten, Gesprächsrunden und Rufen nach wirksamen Gegenmaßnahmen. Genau dies aber ist vermutlich der entscheidende Ansporn für Nachfolgetäter, die weitere ähnliche Taten androhen. Meist liegen solche Drohungen nach Amokläufen im hohen zweistelligen Bereich. Das außerordentlich hohe Medieninteresse und die damit zu erlangende, wenn auch negative Berühmtheit sind – dies ist die tragische Konsequenz unserer Mediengesellschaft – der entscheidende Kick für weitere Täter, tatsächlich die Umsetzung eines solch monströsen Verbrechens zu planen. Allein die Grandiosität des Verbrechens, kombiniert mit der sicheren Gewissheit, berühmt zu werden, und der Fantasie, unumschränkte Macht über Leben und Tod ausüben zu können, macht diese Option für einige Wenige äußerst attraktiv. Wir werden also in Zukunft, sofern es uns nicht gelingt, den Medienhype um solche Taten herum abzuschaffen, wofür ich derzeit keinerlei begründete Hoffnung sehe, immer wieder mit solchen Taten konfrontiert werden.

Die ungeheure narzisstische Aufwertung, die durch diese negative Berühmtheit erfolgt, lässt für manche Täter eine solche Tat in einem strahlenden Glanz erscheinen. So schrieb der 17-jährige Eric Harris, einer der beiden Täter des Massakers in der Columbine Highschool in Littleton 1999, vorher in sein Tagebuch: »I want to leave a lasting impression on the world.«

Was sind die Konsequenzen? Um die sich fortsetzende Serie von derartigen Massakern zu unterbrechen, müssten wir uns also entschließen, die Medienberichterstattung von solchen Ereignissen auf Null zu reduzieren. Wir müssten außerdem dafür sorgen, dass die soziale Isolierung dieser Jugendlichen rechtzeitig erkannt und ihre daraus resultierende Neigung, sich in Gewaltfantasien zu flüchten, unterbrochen werden kann. In diesem Zusammenhang und nicht generell, wie dies gerne in der Öffentlichkeit dargestellt wird, tragen »Ego shooter« und Gewaltfilme ihren Teil zu derartigen Katastrophen bei, indem sie die soziale Isolierung solcher Jugendlicher verschärfen und durch die Einübung von Gewaltfantasien diese schließlich als Lösungsmöglichkeit auch in der wirklichen Welt erscheinen lassen.

Eine wirksame Bekämpfung institutionell basierter Gewaltexzesse ist nur möglich, wenn in Gewalt fördernden oder Gewalt gar als Zweck der (militärischen) Operationen einsetzenden Kontexten klare und eindeutige Verantwortlichkeiten existieren, denen Kontrollmechanismen beigesellt sind. Der Fisch, so könnte man formulieren, stinkt vom Kopf her. Zu fordern ist, darauf wurde schon in anderen »zivilen« Zusammenhängen in Kapitel 7 verwiesen, eine systematische Kontrolle der Rechtmäßigkeit der durchgeführten Maßnahmen und ein klares Bewusstsein des Führungspersonals für die Gefahren, die in solchen Institutionen hinsichtlich des Auftretens von Gewaltexzessen besteht. Die in der Befehlshierarchie eigentlich Verantwortlichen müssten tatsächlich zur Rechenschaft gezogen und es dürfte nicht stattdessen mit Verweis auf angeblich sadistische Einzeltäter die strukturelle Problematik abgewiegelt werden.

10 Warum wir gewalttätig werden und was wir dagegen tun können

Gewalt und Destruktivität sind anthropologische Grund-
eigenschaften. Sie gehören ebenso zu uns Menschen wie
unsere sexuellen und zärtlichen Wünsche, die Libido, die
uns zueinander führt. Im menschlichen Leben stehen also
immer beide Elemente, die libidinösen, beziehungssuchen-
den und die destruktiven Impulse, einander gegenüber.
Andererseits jedoch muss Gewalt und Destruktivität in der
menschlichen Entwicklung als etwas angesehen werden,
das als Folge von traumatischen Erfahrungen entsteht. Traumatisierungen in der kindlichen Entwicklung, vor allem
Gewalttraumatisierungen, schwere Vernachlässigung oder
Missachtung der persönlichen Integrität sind ein wichtiger
Faktor für die Herausbildung von Gewaltdispositionen im
Individuum. Kinder sind aufgrund ihrer realen Abhängigkeit
und ihrer noch nicht ausgereiften seelischen Entwicklung
besonders verwundbar und hilflos gegen derartige Übergriffe.
Solche Erlebnisse rufen bei entsprechender Schwere und
Dauer Objektverlustängste und Verfolgungsängste hervor.
Wenn diese überhandnehmen, liegen in der weiteren Entwicklung Gewaltidentifikationen als Abwehr nahe. Die Gewaltidentifikation bietet den betreffenden Menschen die
Möglichkeit, in der Fantasie oder bei entsprechendem Handeln in der Realität wieder Handlungsfähigkeit und Kontrolle über ihre eigene Situation zu gewinnen. Gewaltidentifikationen sind daher geeignet, Ängste zu bekämpfen und
das narzisstische Gleichgewicht zu stabilisieren. Gefühle von
Hilflosigkeit und Ohnmacht werden durch Stärke und Hand-

lungsfähigkeit ersetzt. Sie unterstützen damit Selbstwirksamkeitsvorstellungen.

Fixierte Gewaltidentifikationen sind, außer vielleicht bei Perversionen im engeren Sinne, häufig Resultat einer antisozialen Tendenz, wie sie von Donald W. Winnicott beschrieben wurde. Zentral für seine Auffassung der antisozialen Tendenz ist, dass eine frühe gute Erfahrung verloren gegangen sei, und zwar an einem Punkt, an dem das kleine Kind schon die Fähigkeit hatte, wahrzunehmen, »dass der Grund für die Katastrophe in einem Versagen der Umwelt liegt« (1988, S. 168). Dies sei verantwortlich für die Verformung der Persönlichkeit und daher habe das antisoziale Kind den Drang, in neuen Umweltbedingungen eine Heilung zu suchen. Er interpretiert antisoziale Handlungen, so lästig und unannehmbar sie sein mögen, als Versuch, die Umwelt zu alarmieren, sie vor der Gefahr zu warnen, die durch die sich im Kind breit machende Rücksichtslosigkeit entsteht. Hoffnungslosigkeit sei das Wesensmerkmal des deprivierten Kindes, wohingegen die antisoziale Tendenz ein Hinweis auf Hoffnung sei. Das Kind oder der Jugendliche sucht »nach etwas in der Umwelt, das verloren gegangen ist, nach einer menschlichen Haltung, die so zuverlässig ist, dass es die Freiheit gewinnt, sich zu bewegen und zu handeln und Erregung zuzulassen« (S. 163). Besonders starken Einfluss haben die Enttäuschung einer einstmals guten Beziehung und das Zerbrechen dieser Beziehungsmöglichkeiten, wenn eine Anerkennung der reparativen Bestrebungen und der damit verbundenen Fähigkeit des Kindes zur Wiedergutmachung nicht erfolgt. Dies kann in der Fixierung auf destruktive Gewalt enden. Die Anerkennung der Fähigkeit des Kindes zur Besorgnis und seiner reparativen Wünsche und Bemühungen sind dagegen eine wesentliche Voraussetzung für seine gesunde seelische Entwicklung.

Ich habe in diesem Buch ausgeführt, dass Gewaltfixierungen eine Reihe von Funktionen haben können. Anhand des Filmes »Spiel mir das Lied vom Tod« habe ich vor allem deren Funktion zur Abwehr von Schuldgefühlen erörtert. Ein Kapitel war der Faszination von Gewalt unter dem Aspekt omnipotenter Kontrolle gewidmet. Gefühle von Unzulänglichkeit, mangelnder Kraft und Stärke, können so aus dem Bewusstsein ferngehalten werden. Die Identifikation mit omnipotenter Kontrolle geht einher mit der Aufrichtung eines strengen Gegensatzes von Gut und Böse und kann so weit gehen, dass der Terror selbst eine unheimliche Anziehungskraft und Faszination entfaltet. Wir haben uns auch mit der Funktion der Gewalt zur Stabilisierung des narzisstischen Gleichgewichtes, des Selbstwerterlebens beschäftigt. Durch Gewalt entsteht aber leicht auch ein Zirkel der Selbstentwertung. Die negative Identität, die sich herausbildet, stabilisiert zwar vordergründig den Betreffenden. Diese Stabilisierungsfunktion sollte man keinesfalls unterschätzen, sie spielt eine zentrale Rolle bei sehr vielen Gewaltidentifikationen, aber die Gefahr ist groß, dass dadurch die Selbstentwertung noch weiter zunimmt und darüber die Gewaltfixierung schließlich immer stärker verfestigt wird. Mit dem »Terminator« standen vor allem die Abwehr von Beziehungs- und sexuellen Ängsten, aber auch von Verlassenheitsängsten und die Abwehr der Unausweichlichkeit des Todes durch Gewalt im Vordergrund.

Im Film »The Dark Knight« haben wir unterschiedliche Organisationsniveaus der Gewalt kennengelernt. Batman zeigt eine narzisstische Gewaltfixierung mit falschem Selbst, »Two Faces« alias Harvey Dent würde man von seinem Organisationsniveau her, wenn man ihn denn als Menschen betrachtete, auf einem Borderlineniveau ansiedeln. Joker schließlich repräsentierte eine psychotische seelische Organisation mit Gewaltfixierung.

Im Weiteren habe ich den entscheidenden Unterschied zwischen fixierten Gewaltidentifikationen und flexiblen Identifikationen mit Gewalt herausgearbeitet. Fixierte Gewaltidentifikationen stellen, insbesondere bei einer sadomasochistischen Fixierung oder einer Perversion, aber auch bei destruktiver Gewaltfixierung, eine erhebliche Beeinträchtigung der Entwicklung dar. Auch das, was man heute gerne als »Psychopathie« bezeichnet und was Erik H. Erikson wesentlich dynamischer mit dem Begriff der »negativen Identität« belegte, sind pathologische Formen fixierter Gewaltidentifikationen, die die soziale Integration erheblich beeinträchtigen. Demgegenüber haben flexible Gewaltidentifikationen, insbesondere dann, wenn sie im sozialen Kontext als funktional anzusehen sind, in der Adoleszenz häufig eine wichtige Stabilisierungs- und entwicklungsfördernde Funktion. Sozial betrachtet ist die Delinquenz dieser Jugendlichen selbst bei einer gewissen Gewaltneigung im Wesentlichen als Anpassungsleistung zu verstehen, in der Weise, dass sie sich an den Normen der Peer Group (Bezugsgruppe) orientieren und im Zuge dessen vorübergehend delinquent werden (Moffit 1993).

Es gibt eine Reihe anderer, alternativer Abwehrorganisationen, die bei derartigen psychischen Dynamiken, wie sie in diesem Buch behandelt werden, an die Stelle der Gewaltfixierung treten können. Bedeutsam ist vor allem die narzisstische Besetzung des Körpers anstelle der narzisstischen Besetzung von Gewalt, also der Versuch, die eigene Unzulänglichkeit, das Erleben eigenen Unvermögens und die Zweifel an sich selbst durch eine Fantasie von Großartigkeit, die am Körper festgemacht wird, zu bekämpfen. Die Projektion der Gewalt auf andere ist ein weiterer, sehr verbreiteter Mechanismus, der an die Stelle eigener Gewaltidentifikationen treten und deren Funktion übernehmen kann. Projektion hat den Vorteil, von Schuld zu entlasten, die mit offener Gewaltidentifikation einherginge. Sie erleichtert auf diese Weise häufig die heimliche Identifikation mit dem Gewalttäter, der Gewalttat oder – in der Tat eine beliebte Form der Befriedigung heimlicher Gewaltgelüste – mit einer strengen, oft sadistischen Bestrafung des ach so verkommenen Täters. Ausgeprägte Geschlechtsunterschiede sowohl hinsichtlich der Ausübung offener Gewalt als auch in Bezug auf den Konsum von Gewaltmedien scheinen sich zwar zu verringern, sind aber immer noch bedeutsam. Frauen tendieren im Vergleich zu Männern nach wie vor deutlich stärker dazu, Gewalt gegen sich, ihre psychischen Funktionen oder ihren eigenen Körper zu richten, um so eine, wenngleich teuer erkaufte, Entlastung zu erreichen.

Auch wenn ich mich vor allem mit den psychologischen Mechanismen der Gewalt, ihren entwicklungsfördernden und ihren problematischen und pathologischen Seiten beschäftigt habe, ist es mir wichtig, ausdrücklich die Bedeutung sozialer Rahmenbedingungen für die Entstehung von Gewaltverhältnissen und die Ausübung von Gewalt herauszustellen. Wir neigen dazu, uns selbst in trügerischer Weise zu beruhigen, dass doch alles rechtens sei, wenn uns Autoritäten die Rechtmäßigkeit der Gewalt versichern. Auf diesem Wege sind psychopathologisch völlig normale Menschen dazu zu bringen, ohne zu zögern extreme Gewalt anzuwenden und Terror gegen Unschuldige auszuüben. Diese grundlegende Neigung des Menschen, in einer Mischung aus Autoritätshörigkeit, Angstabwehr, narzisstischer Selbstüberhöhung und heimlicher Lust Gewalt auszuüben, ist nicht zu unterschätzen. Die Frage der Passung zwischen einer grundlegenden Gewaltgeneigtheit des Menschen und sozialen Rahmenbedingungen, die die Gewalt in Gang setzen, wurde unter anderem anhand des Milgram-Experiments und des

Stanford-Prison-Experiments erschreckend deutlich. Nach ihr ist auch zu fragen beim nationalsozialistischen Terror und der systematischen Ermordung von Millionen Juden, beim stalinistischen Terror, bei jedem Völkermord oder in ganz anderem Kontext bei den sogenannten Amokläufen.

Wir haben also mit einer grundlegenden Gewaltbereitschaft bei uns Menschen zu rechnen, die zweckgerichtete Gewalt ebenso wie Gewalt aus seelischen Motiven umfasst und sogar vor destruktiver Gewalt um ihrer selbst willen nicht Halt macht. Jede Art von Gewalt kann unter bestimmten Bedingungen auch lustvoll erlebt werden. Diese erschreckende Erkenntnis sollten wir uns vor Augen halten und damit unserem Wunsch, an eine Welt ohne Gewalt glauben zu wollen, eine realistische Sicht zur Seite stellen. Wir sollten Gewalt nicht für einen Fehltritt im Zivilisationsprozess halten, sie sozusagen zum Unfall in der Weltgeschichte und in der Geschichte des Individuums erklären.

Gewalttaten sind jedoch immer – dies ist kein Widerspruch zum soeben Gesagten – Folge und Ausdruck eines Versagens anderer, verträglicherer Mechanismen der psychischen Organisation des Menschen und der sozialen Organisation der Gesellschaft. Wir müssen daher die gesellschaftlichen Rahmenbedingungen, die Gewalt hervorrufen oder verhindern, rechtfertigen oder inakzeptabel machen, mit Nachdruck beachten und öffentlich diskutieren. Armut, soziale Ausgrenzung, Chancenlosigkeit, Rechtlosigkeit und ökonomische Machtungleichgewichte sind ebenso zu nennen wie ideologische Rechtfertigung von Gewaltanwendung, Unterdrückung, Krieg und Dynamiken der Gewalteskalation zwischen Staaten oder zwischen gesellschaftlichen Gruppen. Die Gewaltbereitschaft bei gesellschaftlichen Konflikten und bei ideologisch geführten transnationalen Konflikten, seien es Bürgerkriege, terroristische Attacken und ihre

gewaltsame Abwehr, Völkermord oder ethnisch-religiös ge-
färbte Auseinandersetzungen, sind immer begleitet von
einem gesellschaftlichen Klima der Bedrohung, der Angst
und der Projektion des Bösen auf die anderen. Erst diese oft
ideologisch gezielt geschürte Mischung aus Angst, Hass
und dem Gefühl der Demütigung wandelt grundsätzliche
Gewaltbereitschaft in konkrete Handlungsdispositionen
um. Sind dann erst einmal gewalttätige Auseinandersetzungen begonnen worden, sind weitere Gewalttaten nur
noch mit Mühe zu verhindern. Oft genug ist die Stimmung
dann bereits so aufgeheizt, dass »sinnlose« Gewalt um der
Gewalt selbst und der Demütigung des Gegners willen systematisch seitens der Führung erzeugt wird, wie islamis-
tischer Terrorismus und Abu Ghraib in jüngster Zeit beispielhaft belegt haben.

Die Konsequenz muss sein, in der eigenen Gesellschaft
wie international sowohl an den sozialen Rahmenbedingungen zu arbeiten, die Gewaltdispositionen erzeugen, als
auch ideologische Rechtfertigungen von »Gegenmaßnahmen«, Vergeltungsschlägen, einer Politik der Härte, die ge-
waltlegitimierend eingesetzt wird, kritisch zu hinterfragen.
Letztere operieren allzu häufig mit irrationalen Bedrohungs-
szenarien und einer ebenso irrationalen, aber emotional
wirksamen Polarisierung in Gut und Böse und dienen nicht
selten mehr der Machterhaltung im eigenen Lager als der
wirksamen Begrenzung gewalttätiger Bedrohungen oder
gar der angemessenen Lösung von Konflikten. Gewaltbedro-
hungen müssen durchaus wahrgenommen werden, wo sie
vorhanden sind. Die eigenen Reaktionen – dies gilt für Individuen wie für Gesellschaften – müssen aber rational diskutiert, begründet und gesteuert werden, was legitimierte
gewaltsame Reaktionen nicht aus-, jedoch Verzicht auf Rache und Demütigung des Gegners einschließt. Hierzu bedarf

es jeweils einer breiten Diskussion in einer aufgeklärten Öffentlichkeit und wirksamer Kontrollmechanismen.

Die seelischen Mechanismen, die bei einem Individuum zu einer Konkretisierung der Gewaltneigung führen, wurden in diesem Buch breit dargestellt. Der Fixierung auf Gewalt liegen oft erhebliche Traumatisierungen durch eigene Gewalterfahrung, Vernachlässigung und Chancenlosigkeit zugrunde. Gewalt ist dann scheinbar ein gutes Mittel, um Gefühle von Wertlosigkeit, Ohnmacht, Hilflosigkeit und Verlassenheit zu bekämpfen. Durch Gewaltausübung vergewissern sich die Betreffenden ihrer Handlungsfähigkeit, befriedigen Rache- und Vergeltungswünsche und wehren – so paradox dies klingen mag – Schuldgefühle ab. Tatsächlich aber besteht die Gefahr, durch Gewalt immer stärker in diesen Strudel von Selbstentwertung, Gewaltfixierung und Destruktivität hineinzugeraten.

Daher besteht die beste Prävention gegen individuelle Gewaltentwicklung darin, Gewalt und Vernachlässigung von Kindern in der Familie wirksam zu bekämpfen und Kindern und Jugendlichen gute Perspektiven der Teilhabe am sozialen Leben, an Bildung, Beruf, sozialer Anerkennung und materieller Sicherung zu eröffnen. Eine gute Sozialpolitik ist immer noch die beste Kriminalitätsprävention. Wenn bereits eine gewisse Gewaltbereitschaft besteht, ist es unverzichtbar, Bedingungen herzustellen, unter denen die Gewaltstraftäter wieder strukturierende, haltgebende und grenzsetzende wie in gleicher Weise wohlwollend unterstützende Beziehungen erfahren. Der pädagogisch-therapeutische Zugang gelingt in der Regel am ehesten, wenn man die Abwehrfunktion und damit die Schutzfunktion und selbstwertstabilisierende Funktion der Gewaltidentifikation im Auge hat. Nur wenn es gelingt, diese Funktionen und die Lust an der Gewalt zunächst einmal anzuerkennen, kann die

Attraktivität von Gewalt und ihre libidinöse Besetzung überhaupt wahrgenommen und zum Thema gemacht werden. Dies sollte geschehen jenseits einer moralischen Verurteilung, die die Betreffenden immer schon selbst vornehmen und die sie immer tiefer in den Zirkel aus Selbstentwertung und Gewaltfixierung zu führen droht. Der Betreffende soll zum Subjekt seines Handelns werden und schließlich Verantwortung für das eigene Handeln übernehmen. Das Ergebnis wäre eine Flexibilisierung der Gewaltidentifikationen, die dann zielgerichtet und sozial akzeptabel eingesetzt werden können im Sinne einer gut dosierten Aggression, wie sie in vielen Bereichen des Lebens notwendig ist, und eines Verbleibens destruktiver Anteile in der Fantasie.

Ich denke immer wieder gerne an die schöne Geschichte von Maurice Sendaks Max, der die wildesten Kerle einschließlich seiner selbst zu zähmen wusste. Max machte nur Unfug, geriet in Wut und in Streit mit seiner Mutter, die ihn ohne Essen ins Bett schickte. Er träumte sich weit weg bis zu dem Ort, wo die wilden Kerle wohnen, auf die er seine ganze Aggression projizierte. Sie brüllten ihr fürchterliches Brüllen, fletschten ihre fürchterlichen Zähne, rollten ihre fürchterlichen Augen und zeigten ihm ihre fürchterlichen Krallen. Er zähmte sie mit einem Zaubertrick, und sie bekamen Angst vor ihm, nannten ihn den wildesten Kerl von allen und machten ihn zu ihrem König. Am besten hat mir gefallen, wie er in der englischen Originalausgabe sagte: »Let the wild rumpus start«, auf Deutsch etwas weniger prägnant: »Und jetzt machen wir Krach.« Dann aber, als es genug war, rief er: »Stop now!« und kehrte nach Hause zurück, wo bereits das Essen auf ihn wartete. Wenn es uns gelingt, die Fähigkeit zu entwickeln, zu wechseln zwischen »wild rumpus« und »stop now«, dann haben wir schon viel erreicht.

Literatur

Anderson, Craig A., Shibuya, Akiko, Ihori, Nobuko, et al. (2010): Violent Video Game Effects on Aggression, Empathy, and Prosocial Behavior in Eastern and Western Countries: A Meta-Analytic Review. Psychological Bulletin 136, S. 151–173.

Arendt, Hannah (1986): Eichmann in Jerusalem: Ein Bericht von der Banalität des Bösen. München: Piper.

Barlett, Christopher P., Anderson, Craig A., Swing, Edward L. (2010): Video Game Effects – Confirmed, Suspected, and Speculative. A Review of the Evidence. Simulation and Gaming 40, S. 377–403.

Big Storm: The Lynndie England Story (2005). Regie: Twan Huys, www.sundancechannel.com/films/500010300.

Bion, Wilfred R. (1990): Lernen durch Erfahrung. Frankfurt a. M.: Suhrkamp.

Büchner, Georg (1835): Dantons Tod. 1972, Stuttgart: Reclam.

Burgess, Anthony (1972): Die Uhrwerk Orange, München: Heyne, Buch Nr. 928, Deutsche Erstveröffentlichung.

Erikson, Erik H. (1956): Das Problem der Identität. Psyche – Zeitschrift für Psychoanalyse 10, S. 114–176.

Ferenczi, Sandor (1932): Sprachverwirrung zwischen den Erwachsenen und dem Kind. Die Sprache der Zärtlichkeit und der Leidenschaft. In: Ders., Bausteine zur Psychoanalyse, Band 3, 3. Aufl. 1984, Bern: Huber, S. 510–525.

Freud, Anna (1936): Das Ich und die Abwehrmechanismen. 12. Aufl. 1980, München: Kindler.

Freud, Sigmund (1916d): Einige Charaktertypen aus der psychoanalytischen Arbeit. G. W., Band 10, S. 363–391.

Freud, Sigmund (1916–1917): Vorlesungen zur Einführung in die Psychoanalyse. G. W., Band 11.

Freud, Sigmund (1924e): Der Realitätsverlust bei Neurose und Psychose. G. W., Band 13, S. 361–368.

Freud, Sigmund (1930a): Das Unbehagen in der Kultur. G. W., Band 14, S. 419–506.

Goethe, Johann Wolfgang von (1999): Faust I. Eine Tragödie. In: Sämtliche Werke. Briefe, Tagebücher und Gespräche, Band 7/1. Frankfurt a. M.: Deutscher Klassiker Verlag.

Günter, Michael (2006): Un-Heimliche Gewalt. Angstlust, Inszenierung und identifikatorische Projektion destruktiver Fantasien. Psyche – Zeitschrift für Psychoanalyse 60, S. 215–236.

Günter, Michael (2008): Gewaltfantasien im Jugendalter: Ausdruck destruktiven Neides oder Zeichen einer Hoffnung? Der Psychotherapeut 53, S. 338–348.

Günter, Michael (2010): Narzisstische Selbsttäuschung, Lüge und Gewalt im Gewand der Rechtschaffenheit. Wie Kinder zu viel von ihren Eltern lernen. In: Gunther Klosinski (Hrsg.). Tarnen, Täuschen, Lügen – zwischen Lust und Last. Tübingen: Attempto, S. 143–152.

Kafka, Franz (2009): Die Verwandlung. In: Ders., Sämtliche Werke. Frankfurt a. M.: Suhrkamp.

Katz, Jack (1988): Seductions of Crime. Moral and Sensual Attractions in Doing Evil. Basic Books: New York.

Keilson, Hans (2005): Sequentielle Traumatisierung bei Kindern. Untersuchung zum Schicksal jüdischer Kriegswaisen. Gießen: Psychosozial.

Klein, Melanie (1983): Neid und Dankbarkeit. Eine Untersuchung unbewusster Quellen. In: Hans A. Thorner (Hrsg.): Das Seelenleben des Kleinkindes und andere Beiträge zur Psychoanalyse, 8. Aufl. 2006, S. 225–242, Stuttgart: Klett-Cotta/Ruth Cycon, Hermann Erb (Hrsg.): Melanie

Klein – Gesammelte Schriften, Band III: 1946–1963, Stuttgart (2000): Frommann-Holzboog Verlag, Stuttgart.

Kunczik, Michael und Zipfel, Astrid (2006): Gewalt und Medien. Ein Studienbuch. Köln: Böhlau/UTB.

Lempp, Reinhart (2003): Das Kind im Menschen. Über Nebenrealitäten und Regressionen – oder: Warum wir nie erwachsen werden. Stuttgart: Klett-Cotta.

Lempp, Reinhart (2006): Mörderische Fantasien und Wirklichkeit – die kriminologische Bedeutung der Nebenrealität. Forensische Psychiatrie und Psychotherapie 13, S. 17–49.

Milgram, Stanley (1974): Das Milgram-Experiment. Zur Gehorsamsbereitschaft gegenüber Autorität. Reinbek bei Hamburg: Rowohlt.

Moffit, Terry E. (1993): Adolescence Limited and Life-Course Persistent Antisocial Behavior: A Developmental Taxonomy. Psychological Review 100, S. 674–701.

Nietzsche, Friedrich (1999): Also sprach Zarathustra. Kritische Studienausgabe. München/Berlin: dtv/de Gruyter.

Nörenberg, Britta (2009): Auswertung der Top 50-Filmtitel des Jahres 2008 nach soziodemografischen sowie kino- und filmspezifischen Informationen auf Basis des GfK Panels. Herausgeber: FFA-Filmförderungsanstalt, Berlin, http://www.ffa.de/downloads/publikationen/top_50_filme_2008.pdf.

Reemtsma, Jan P. (2008): Vertrauen und Gewalt. Versuch über eine besondere Konstellation der Moderne. Hamburg: Hamburger Edition.

Robertz, Frank J. (2006): Zur Genese todbringender Fantasien – neue Erkenntnisse zum Schoolshooting von Columbine. Forensische Psychiatrie und Psychotherapie 13, S. 50–72.

Schweizerhof, Barbara (2008): Fettiger Agent des Chaos. In:

die tageszeitung. 19. August 2008, abgerufen am 2. Januar 2010.

Sendak, Maurice (1967): Wo die wilden Kerle wohnen. Zürich: Diogenes.

Spitzer, Manfred (2005): Vorsicht Bildschirm! Elektronische Medien, Gehirnentwicklung und Gesundheit. Stuttgart: Klett.

Werner, Emmy E., Smith, Ruth S. (2001): Journeys from Childhood to Midlife: Risk, Resilience and Recovery. Ithaca and London: Cornell University Press.

Wertheimer, Jürgen (2004): Der Troianische Krieg findet doch statt: Über den literarischen Gebrauch von Mythen. In: Heinz Hofmann (Hrsg.): Troia. Von Homer bis heute. Tübingen: Attempto.

Winnicott, Donald W. (1973): Vom Spiel zur Kreativität. 12. Aufl. 2010, Stuttgart: Klett-Cotta.

Winnicott, Donald W. (1988): Aggression. Versagen der Umwelt und antisoziale Tendenz. 4. Aufl. 2003, Stuttgart: Klett-Cotta.

Zimbardo, Philip (2008): Der Luzifer-Effekt. Die Macht der Umstände und die Psychologie des Bösen. Heidelberg: Spektrum.

Abbildungsnachweis

Abb. S.25:   ddp images

Abb. S.38:   INTERFOTO/NG Collection

Abb. S.46:   Autor

Abb. S.52:   INTERFOTO/Mary Evans

Abb. S.69:   bpk/Münzkabinett, SMB/Ingrid Geske

Abb. S.71:   INTERFOTO/NG Collection

Abb. S.103: INTERFOTO/NG Collection

Abb. S.122: POLYGRAM/Kobal Collection/Brian Hamill

Abb. S.134: Autor

Abb. S.153: DAPD

Über den Autor

Michael Günter, Prof. Dr. med., ist kommissarischer Ärztlicher Direktor der Klinik für Kinder- und Jugendpsychiatrie an der Universität Tübingen.